Freiheit aushalten

Ein Rückblick (mit Ausblick) auf die ersten 25 Jahre der Fakultät für Wirtschaftswissenschaft der Universität Witten/Herdecke

Freiheit aushalten

Ein Rückblick (mit Ausblick) auf die ersten 25 Jahre
der Fakultät für Wirtschaftswissenschaft
der Universität Witten/Herdecke

Herausgeber

Birger P. Priddat und Dirk Sauerland

Metropolis-Verlag
Marburg 2010

Bibliografische Information der Deutschen Nationalbibliothek
Die Deutsche Nationalbibliothek verzeichnet diese Publikation in der Deutschen Nationalbibliografie; detaillierte bibliografische Daten sind im Internet über http://dnb.d-nb.de abrufbar.

Metropolis-Verlag für Ökonomie, Gesellschaft und Politik GmbH
http://www.metropolis-verlag.de

ISBN 978-3-89518-842-8

Inhalt

1. Nota

Die Fakultät für Wirtschaftswissenschaft der Universität Witten/Herdecke (kurz: Wirtschaftsfakultät) feierte im Jahr 2009 ihr 25-jähriges Bestehen. Die Fakultät ist die zweite Gründung nach der medizinischen Fakultät 1982. Die Universität Witten/Herdecke war die erste private Universität Deutschlands. Sie hat vielen anderen Universitäten – nicht nur den folgenden privaten – bedeutsame Impulse gegeben. Und sie hatte von vornherein ein eigensinniges Bildungskonzept: eine moderne Universität im Humboldtschen Geiste. Zu den Gründern gehörte, als *spiritus rector*, Konrad Schily, und als Mentor und erster Stifter Alfred Herrhausen. In einer Rede an der Universität forderte er „gebildete Unternehmer“ – das war und ist der Impuls für die Fakultät.

In dieser ‚Festschrift' reflektiert die Fakultät ihre Geschichte, ihre Gegenwart und ihre mögliche Zukunft. Sie ist in der Form einer *bricolage* gestaltet: aus vielen Facetten ergibt sich das vielgestaltige Bild, das die Fakultät war und ist. Wir haben bewusst auf eine klassische Festschrift verzichtet, um das Pathetische zu vermeiden. Die Schrift ist eher spektralanalytisch angelegt. Sie lebt aus dem Widerspruchsgeist, den die Fakultät lehrt. Möge es ein Vergnügen sein, sie zu lesen.

für die Fakultät für Wirtschaftswissenschaft:
Birger P. Priddat und Dirk Sauerland
unter Mitarbeit von
Benjamin Wüstenhagen, Philip Kovće und Shaghaegh Purmandi

Witten, September 2010

2. Grußwort aus dem Präsidium – von zwei Alumni: Medizin und Wirtschaftswissenschaft

Nichts kann entstehen ohne Chaos –
Nichts kann existieren ohne Ordnung

Albert Einstein

In einer für den Physiker und Wissenschaftler Albert Einstein typischen Verdichtung und Prägnanz wird deutlich: Innovationen und deren Umsetzung sind abhängig von einem klugen Wechselspiel aus Freiraum und Regelsetzung.

Übertragen auf die Institution Universität – deren „Kerngeschäft“ und identitätsstiftendes Produkt die Innovation ist – heißt das: Sie muss „Chaos“ erlauben und ermöglichen und gleichzeitig ein Mindestmaß an „Ordnung“ halten, um gute Ideen zur Reife und Umsetzung gelangen zu lassen. In allen Fakultäten.

Die Fakultät für Wirtschaftswissenschaft unserer Universität – gegründet im Jahr 1984 kurz nach der Geburt der ersten privaten Universität in Deutschland – ist ein überzeugendes Beispiel für das intensive Ringen um eine produktive Balance zwischen Chaos und Ordnung: In den 25 Jahren ihres Bestehens ist sie immer kreativ gewesen, ohne ins Chaos abzudriften, und sie hat umgekehrt stets die Strukturen und Institutionen entwickelt, die alle vorhandene Kreativität erst zur Entfaltung bringt und zu einer Umsetzung reifen lässt.

In der Konzentration und Neuausrichtung der Universität, die mit dem Konzept „UW/H 2015. Zukunftsbildung“ klare Konturen angenommen hat, ist die Wirtschaftsfakultät als Teil unserer Trias – Gesundheit, Wirtschaft und Kultur – eine unverzichtbare tragende Säule.

Wir gratulieren herzlich und wünschen im besten Sinne der Universität, dass das dynamische Gleichgewicht im Sinne von Albert Einstein in der Zukunft genauso fruchtbare Wirkung entfalten möge wie in den ersten zweieinhalb Jahrzehnten der Fakultätsgeschichte!

Prof. Dr.med. Martin Butzlaff | Dipl. Ök. Michael Anders

3. Wirtschaft in Witten – ein Erfolgsmodell mit Zukunft

Dirk Sauerland

Im Jahr 2009 wurde die Fakultät für Wirtschaftswissenschaft an der Universität Witten/Herdecke 25 Jahre alt. Mit dieser ‚Festschrift‘ wollen wir einen Rückblick auf das spannende erste Vierteljahrhundert der Fakultät geben, unsere aktuelle Position bestimmen und einen Ausblick auf das geben, was wir gemeinsam in Zukunft erreichen möchten.

Blickt man auf die bisherige Entwicklung der Fakultät zurück, so gibt es einige Fixpunkte, die das Wirtschaftsstudium in Witten immer ausgezeichnet haben. Dazu gehört natürlich der Grundgedanke, in der Arbeit mit kleinen Studentengruppen und in der Zusammenarbeit mit Mentorenfirmen Theorie auf hohem Niveau und gelebte Praxis möglichst eng miteinander zu verbinden. Dazu gehört aber auch die tragende Idee, nicht nur fachlich hervorragend ausgebildete Absolventen hervorzubringen, sondern junge Menschen, die sich im Studium in ihrer Persönlichkeit weiterentwickelt haben und in der Lage sind, über den berühmten „Tellerrand“ der Wirtschaftwissenschaften zu schauen. Diese umfassende Persönlichkeitsentwicklung wird nicht zuletzt durch das obligatorische Studium fundamentale gefördert.

Ein über die Jahre erhalten gebliebenes Element der Wirtschaftswissenschaft in Witten ist eben diese Bildungskultur. Sie verbindet sich mit einer Beziehungskultur, die darin besteht, intensiv miteinander zu arbeiten. Dies bezieht sich auf die Lehre, in der sich Dozenten und Studierende auf Augenhöhe treffen und in intensiven Diskussionen immer wieder die „gängigen Theorien“ kritisch hinterfragen und relativieren. Diese besondere Beziehungskultur bezieht sich aber auch auf den Austausch zwischen Wirtschaftswissenschaft und Wirtschaft, die in vielen Kooperationen in der Fakultät gepflegt wird. Das etablierte Wittener Institut für Familienunternehmen ist für diese Kooperationen ebenso kennzeichnend wie das im Jahr 2010 neu gegründete Reinhard-Mohn-Institut für Unternehmensführung und Corporate Governance. Künftig wollen wir diese Beziehungskultur noch stärker im Bereich der Forschung leben. Viele der Fragen, die für die Gesellschaft in Zukunft zu lösen sein werden, können nur in der Zusammenarbeit zwischen verschiedenen Disziplinen beantwortet werden. Betriebswirtschaftslehre, Volkswirtschaftslehre, Philosophie, Psychologie, Kulturwissenschaften: all diese Wissenschaften haben etwa zur Frage der nachhaltigen Gestaltung eines Wirtschaftssystems viel beizutragen. Die transdisziplinäre Zusammenarbeit der Wissenschaftler innerhalb der Fakultät aber auch mit den Fakultäten für Gesundheit und für Kulturreflexion an der UW/H öffnet viele Potenziale für spannende Forschungsprojekte, die gesellschaftliche Relevanz haben. Der neue Studiengang Philosophie, Politik und Ökonomik, der in Kooperation mit der Fakultät für Kulturreflexion entstanden ist, ist ebenso ein Schritt auf diesem Weg wie die beginnende Zusammenarbeit zwischen Ökonomen und Medizinern sowie Pflegewissenschaftlern aus der Fakultät für Gesundheit.

Die Fakultät für Wirtschaftwissenschaft an der UW/H war bei ihrer Gründung im Jahr 1984 die einzige private Wirtschaftsfakultät. Diese Monopolsituation war lange Zeit angenehm. Der Erfolg der Fakultät für Wirtschaftswissenschaft hat aber auch andere private Hochschulen dazu animiert, in den Markt für wirtschaftswissenschaftliche Studiengänge einzutreten. Heute gibt es 83 staatlich anerkannte private Hochschulen in Deutschland; 10 davon besitzen das Promotionsrecht. Von diesen 10 sind acht ganz oder überwiegend Management-Hochschulen. Nicht nur diese privaten, sondern auch die staatlichen Hochschulen haben viele Elemente unserer erfolgreichen Konzeptionen übernommen: Spielarten des Studium fundamentale findet man heute an vielen anderen, auch privaten Hochschulen. Die Wirtschaftsethik hat einen Platz in vielen wirtschaftswissenschaftlichen Curricula. Und die intensive Verbindung zwischen Theorie und Praxis ist kennzeichnend für viele private Business Schools.

Der Erfolg des Wirtschaftsstudiums in Witten ist heute gut zu belegen: In den Rankings der Wirtschaftsfakultäten belegen wir regelmäßig vordere Plätze. Unsere Absolventen haben sowohl in der Praxis als auch in der Wissenschaft beachtliche Entwicklung vorzuweisen. So haben wir in den ersten 25 Jahren des Bestehens der Fakultät für Wirtschaftswissenschaft mehr als 40 Professorinnen und Professoren hervorgebracht.

Unser Ziel ist es, unsere führende Position im Bereich Wirtschaftswissenschaften zu erhalten und auch in Zukunft viele gute Studentinnen und Studenten für ein Studium in Witten zu gewinnen. Denn: Witten ist und bleibt eine Frage der Persönlichkeit.

Der Wettbewerb um diese Studentinnen und Studenten ist aber heute sehr intensiv – ebenso wie der um interessante Unternehmenskontakte und um Förderungen für spannende Forschungsprojekte. Wir stehen daher vor der Herausforderung, unsere bestehenden Stärken weiterzuentwickeln und neue Stärken hinzu zu gewinnen. Mit der Einführung achtsemestriger Bachelorstudiengänge bilden wir einen expliziten Gegenentwurf zum Turbostudium andere Hochschulen: wir geben unseren Studierenden die Freiheit und die Zeit, intensiv zu studieren und sich zu entwickeln. Witten ist und bleibt Wirtschaft für Menschen, nicht Menschen für Wirtschaft.

Mit unseren neuen Studiengängen Philosophie, Politik und Ökonomik sowie Family Business Management besetzen wir Themen, die Stärken in unseren Forschungsschwerpunkten auch sichtbar in die Lehre bringen. Wir bündeln unsere Forschungsaktivitäten und ermöglichen transdisziplinäre Forschungsprojekte. Darüber hinaus wollen wir neue Formate für unsere Masterstudiengänge entwickeln, die eine intelligente Form des oft zitierten lebenslangen Lernens ermöglichen.

Die Fakultät für Wirtschaftswissenschaft entwickelt sich also weiter – mit der Unterstützung vieler Freunde und Förderer. Ihnen danken wir ebenso wie allen Mitarbeiterinnen und Mitarbeitern, Studierenden, Professoren und Dozenten, die mit ihrem Engagement die Fakultät für Wirtschaftswissenschaft zu dem gemacht haben, was sie heute ist: ein Erfolgsmodell mit Zukunft.

4. Bildungsexzellenz: kein Mythos, sondern gelebte Universität

Über eine Kernkompetenz der Universität Witten/Herdecke

Birger P. Priddat

Wir sind eine einzigartige Bildungsorganisation. Viele unserer Qualitäten sind im Markt und in der Gesellschaft nicht bekannt. Vieles, was wir schon lange für selbstverständlich halten, ist für andere weiterhin hochinnovativ.

Wir haben eine exzellente Tradition seit 25 Jahren. Doch reicht das nicht, bewegen wir uns doch in dynamischen Bildungsmärkten. Neue Anforderungen entstehen. Unsere alten Innovationen reichen nicht mehr – welche neuen bieten wir? Welche Themen, welche Programme liefern wir – die andere nicht liefern? Wo sind wir Avantgarde?

Antworten auf diese Fragen werden von uns erwartet. Es reicht nicht, wenn wir uns für gut halten; andere müssen uns für gut halten. Mit Bedacht muss sortiert werden, was wir bewahren müssen. Und was wir ändern.

Um zu ändern, brauchen wir eine dynamische Organisation, die die Führung stärkt, um uns besser auf den Bildungsmarkt einstellen zu können. Wir brauchen eine unternehmerische Haltung – im Studium, in der Forschung, als Universität insgesamt.

1. Die UW/H ist eine Universität: sie bildet, aber nicht aus.
2. Nicht das Abschlusszeugnis ist entscheidend, sondern die Bildung von Wissen, Persönlichkeit, Charakter und Kompetenz im fortlaufenden Gespräch von Forschern und Lehrenden.
3. Eine Universität ist einer der seltenen Orte des lang anhaltendes Gesprächs und des Nachdenkens in der Gesellschaft. Das macht ihre Besonderheit aus.

4. Dieser Ort ist nicht abgehoben, sondern steht inmitten der Dynamik einer modernen Wissensgesellschaft. Nachdenken ist kein Privileg, sondern eine gesellschaftliche Aufgabe wird von einer besonderen Organisation geleistet, die selber unternehmerisch, innovativ und avantgardistisch arbeitet.

5. Sie denkt die künftigen Entwicklungen, probiert neue Theorien und Konzepte. Nachdenken (Reflektion) heißt hier: Vordenken.

6. So bleibt die Universität notwendig ein Zusammenspiel von Forschung und Lehre: auf Wechselseitigkeit, in klassischer deutscher Humboldtscher Manier, gegen den (Bologna-)Trend zur Ausbildungsoptimierung.

7. Dass eine Fakultät an einer ‚kleinen Universität' – mit ihren dadurch besonderen Qualitäten – nicht nur Lehre und Forschung balanciert, sondern im Besonderen in der Lage ist, mit der gesellschaftlichen und wirtschaftlichen Praxis zusammen zu arbeiten, haben wir längst bewiesen. Doch sind auch hier Innovationen gefragt. Wir sollten an neuen Formen dieser Zusammenarbeit arbeiten: Integration von Unternehmern, Managern, Organisatoren, Medienakteuren etc. in die Lehre, in Projekte, in Konferenzen, in die Forschung. Nutzen wir die intellektuellen und praktischen Ressourcen der Gesellschaft hinreichend?

8. Avantgardistisch agiert die Universität in gesellschaftlich und wissenschaftlich relevanten Themenfeldern. Sie zeigt der Forschung neue Wege, auch und gerade zwischen den Disziplinen. In modernen dynamischen Wissensgesellschaften sind die Probleme komplex und *undiszipliniert*: die Lösungen können nicht von einer Disziplin oder Fachrichtung allein zureichend beantwortet werden.

9. Folglich lehrt die Universität transdisziplinäres Denken, Navigationskompetenz und Öffnung der Reflektion für neue Konzepte, Methoden, Theorien etc. Denn was sie in der Forschung avantgardistisch erörtert, soll sich auch in der Lehre spiegeln – keine falsche Pädagogik, sondern *in medias res*: von Anfang an in die relevanten Theorien, Projekte, Themen, um an dem, was einen neugierig macht und intellektuell erregt, zu lernen, was es bedeutet, sich diese Theorien, Wissenschaften, Konzepte etc. anzueignen.

10. Lernen folgt der Thematisierung und Neugier, nicht einem Schema. Man lernt, was man durcharbeitet, weil man es verstehen will. Alles andere geht in die Gefahr des Auswendiglernens, mit kurzen Halbwertszeiten.

11. Was bildet die UW/H? Urteilsfähige Persönlichkeiten mit Ambiguitätsresistenz und Navigationskompetenz. Der entscheidende Code lautet: *self management*. Dafür, dass Studenten für ihre Bildung zahlen, bekommen sie nichts geliefert, sondern nur die Chance, *an sich selber zu arbeiten* (wie auf dem Tennisplatz: man bezahlt zwar eine Eintrittsgebühr, muss aber selber spielen). Wir sind die Arena, in der Bildung geschieht.

12. Wo bekommt man diese Chance noch? Sie ist so selten, dass sie inzwischen hochwertig ist. Soweit zur Frage der Studienbeiträge.

13. *Self management* ist nur ein Hinweis auf die *unternehmerische Kompetenz,* die die UW/H bilden und fördern will. Das gilt nicht nur für den Umgang mit Theorien, Projekten, dem eigenen Studium, sondern auch mit der Organisation der Universität. Das Studium soll unternehmerisch angelegt werden können: frei, selbstbestimmt, riskant.

14. *Bildung ist Transformation.* Wer Universitäten lediglich als Produktionsstätte sieht, denkt in der alten Logik von Produkten: die fertige, beendete Ausbildung, zertifiziert durch eine Urkunde. Die Logik dieser Logik lautet: schneller Durchsatz, kurze Ausbildungszeiten, frühzeitige Spezialisierung (auf Berufe). In einer Wissensgesellschaft scheint das eine notwendige Entwicklung zu sein, da mehr junge Menschen besser ausgebildet werden sollten. Doch gewährleistet diese Bildungseffizienz keine Qualität: man lernt eher nur für die Prüfungen, optimiert seinen Einsatz, hat nach dem Abschluss das Meiste wieder vergessen, hat über sich selbst kaum etwas erfahren, seine Kompetenzen und Fähigkeiten nicht kennengelernt – und vor allem: niemals richtig nachgedacht.

15. Universitäten sind keine Zertifikationsproduktionsstätten, sondern Arenen für die Bildung junger Menschen: oft die einzigen Arenen, die eine Gesellschaft anbieten kann. Man lernt, die Welt und vor allem sich selber kennen. Das Wissen ist ein Entdeckungs- und Arbeitsergebnis, kein abzuarbeitendes Kursprogramm. Man lernt Lernen. Es geht um die Befähigung zu einer minimalen Trittsicherheit, die man im Umgang mit einer komplexen Gesellschaft braucht (Dirk Baecker).

16. Das Produkt ist kein Zertifikat, sondern eine Transformation junger Menschen, die intellektuelle, persönliche und soziale Erfahrungen machen, die sie für verantwortliche Positionen in der Gesellschaft prägen. Auf die *Transformation* kommt es an: *Bildungsgüter sind Transformationsgüter.*

17. So wie Paul Austers Privatdetektiv, der feststellt, dass er es bei jedem Fall, mit dem er beauftragt wird, gleich mit zwei Fällen zu tun hat: nämlich mit dem Fall, für dessen Aufklärung er bezahlt wird, und mit sich, mit seiner Person und deren Fähigkeit und Unfähigkeit in diesem Fall (wie Dirk Baecker schreibt) – so auch die Studierenden und im Idealfall die Lehrenden: *sie lernen, und zugleich sich mit* – ihr Können, ihre Kompetenz, aber auch ihr Nichtwissen, ihre Inkompetenz. Es geht weniger um die Simulation von Gewissheit, als um Offenheit, sich immer wieder neugierig ins Spiel des Wissens und Urteilens zu setzen.

18. Nicht die Menge der Prüfungen entscheidet über das Produkt, sondern die Qualität der Persönlichkeitsentwicklung, der intellektuellen Neugier und Tiefe, der Reflektion im weitesten Sinne, das Sich-Verlieren in Themen, das Nachdenken über Zusammenhänge, die weit über das Lehrangebot hinausgehen, die Ausflüge in andere Zonen des Wissens, die Demut des Nichtwissens etc.

19. Nur wenn die Universität sich als diese *Anregungsarena* versteht, kann sie die neugierigen Geister der Gesellschaft anziehen: sie wollen gefordert werden, nicht über schematische Lehrprogramme, sondern über die intellektuelle Auseinandersetzung mit Themen, die ihren Horizont überwuchern. Nur in der Differenz, das zu verstehen, beginnen sie, selbständig daran zu arbeiten: zu studieren. Nicht die pädagogisch verdünnende Zubereitung von Lernstoff macht eine Universität aus, sondern der Einbruch des Denkens ins Höchste, was die wissenschaftliche und intellektuelle Auseinandersetzung zu bieten hat.

20. Lehre ist dann *supervison*, *monitoring*, *coaching* von Studenten in ihren intellektuellen Auseinandersetzungen. Die Lehre wird zum Menü, aus dem die Studenten das wählen, was sie bewältigen wollen. Diese Freiheit gilt es auszuhalten (Ekkehard Kappler). Natürlich gibt es auch Programme: sie aber unterbrechen, abbrechen zu können, macht den individuellen Bildungsgang an einer Universität aus.

21. Dementsprechend organisiert sich die Universität neu: die Fakultäten bleiben tragende Säulen, aber die B.A.- und M.A.-Programme werden innerhalb der Fakultäten wie dazwischen etabliert. In den Fakultäten wie zwischen ihnen bilden sich Themencluster und Kompetenzcenter, die Lehre und Forschung neu mischen.

22. Es wäre unklug, gerade im starken kompetitiven Feld der Bildung, sich auf fachliche Foki zu reduzieren. Eine Universität muss ‚reich' sein,

selbst wenn sie klein ist: an Themen, an Spannungen, an Differenzen, an Fächern. Was man für die Forschung durchaus planen sollte: *clusters* und Kompetenzcenter, wäre für die Lehre fatal, da sie ein falsches Signal aussenden würde: Ausbildung statt Bildung.

23. Dem wird die UW/H entgegenstehen. Sie hat 25 Jahre Erfahrung in Bildungsexzellenz. Um das zu leisten, brauchen wir ein kluges Bildungsmanagement. Und eine Organisation, die dieser Dynamik gewachsen ist, sie trägt und selber sich neu ausprobieren will.

24. Machen wir die UW/H zu der Marke, die sie ist.

5. Betrachtungen der Professoren – aktueller und ehemaliger – zur Fakultät

Die UW/H ist anders – ist die UW/H anders?

Knut Werner Lange[*]

Damit meine Ausführungen richtig eingeschätzt werden können, möchte ich kurz ein paar Informationen über meine Person voranschicken. Zwischen dem Wintersemester 1998/99 und dem Sommersemester 2007 war ich Professor für Bürgerliches Recht und Wirtschaftsrecht am Institut für Familienunternehmen. Gemeinsam mit den Kollegen Simon, Wimmer und Wirtz habe ich das Institut in den Jahren mit aufgebaut und erfolgreich vom damaligen DIFU zum heutigen WIFU umgewandelt. Für ein Jahr war ich Studiendekan und kommissarischer Dekan der Wirtschaftsfakultät. Vor meiner Tätigkeit in Witten war ich Professor an einer staatlichen Universität; seit 2007 bin ich Ordinarius an der Universität Bayreuth.

Die UW/H hatte während der Jahre, in denen ich es beurteilen kann, stets stolz damit geworben, anders zu sein. Diese Andersartigkeit wurde vereinzelt zum Markenzeichen, ja zum Glaubensbekenntnis erklärt. Nun heißt anders ja noch nicht automatisch besser; außerdem sollte man sich ehrlich die Frage beantworten, wem gegenüber diese Andersartigkeit bestehen soll. Auf den ersten Blick ist die UW/H zwar eine kleine Universität, doch kaum offensichtlich anders. Das Hochschulrecht des Landes Nordrhein-Westfalen gilt auch in Witten. Es gibt Professoren, wissenschaftliche Mitarbeiter, nichtwissenschaftliches Personal und Studierende. Studiengänge müssen akkreditiert werden, Studien- und Prüfungsordnungen sind dem Ministerium vorzulegen. Hier wie dort kennt man Vorlesungs- und vorlesungsfreie Zeiten, Seminare,

[*] Lange ist Jurist und jetzt an der Universität Bayreuth.

Praktika etc. Auch wir mussten seinerzeit schweren Herzens unseren Diplomstudiengang in einen B.A.- und einen M.A.-Studiengang umwandeln.

Die Andersartigkeit zeigt sich erst, wenn man sich auf die UW/H einlässt. Die Universität war seinerzeit als Reaktion auf erkannte Ausbildungsschwächen in der Medizin gegründet worden. Die daraus entstandene starke Lehrzentrierung hat Witten geprägt, von großer Mühe bei der Studierendenauswahl über die obligatorischen Stufu-Kurse bis hin zur ungewöhnlichen Flexibilität bei der Gestaltung von Lehrveranstaltungen. Die Universität war und ist durch ein sehr enges und vertrauensvolles Miteinander zwischen Lehrenden und Lernenden gekennzeichnet. Die anerkannt gute Lehre hatte sehr rasch den hohen Ruf der Universität begründet. Anders hieß hier in den Tat besser.

Die enorme Arbeitsbelastung, der teilweise für die Lehrstühle mit der maßgeschneiderten Lehre verbunden war, hatte jedoch seinen Preis – und dieser hieß: Forschung. Forschungsleistungen wurden kaum wahrgenommen, nur selten gewürdigt. Die forschungsstarken Kollegen fühlten sich gelegentlich als randständig. „A hat wieder mal ein Buch geschrieben", war häufig die einzige Reaktion, die man erfuhr. Irgendwann haben einige Persönlichkeiten dieses Defizit erkannt und versucht, gegenzusteuern. Spitzenforschung bei gleichzeitig unveränderter Spitzenlehre war zwar schnell gefordert, die damit zwangsläufig verbundenen Konsequenzen wurden aber nicht immer gezogen. Freiräume, die eine private Universität besitzt, wurden nicht entschlossen genug ausgenutzt. Anders war hier nicht immer besser.

Auch nach einem Vierteljahrhundert ist eine private Universität in der Hochschullandschaft Deutschland leider keine Selbstverständlichkeit. Es ist eine wie schon fast tragisch zu nennende Fehlvorstellung der Leistungsträger in unserem Land, dass der Staat die Regel, das private Engagement hingegen die begründungsbedürftige Ausnahme sei, die der UW/H immer wieder geschadet hat. Dabei hat sich gezeigt, dass sie in der Lage ist, manchen schweren Sturm zu überstehen. Sie lebt von einem enormen Engagement der ‚Wittener', das jeden erfasst, der bereit ist, sich auf diese Universität einzulassen und das zu einem dauerhaften Band zwischen Aktiven und Ehemaligen werden kann. Die UW/H ist vielleicht weniger anders als mehr besonders. Ihr ist zu wünschen, dass sie nach schwierigen Jahren möglichst rasch den ihr gebührenden Platz unter den deutschen Universitäten zurückerobert und bald wieder durch besondere Leistungen auf sich aufmerksam macht.

„Fakultätsstrategie“ und „Außendarstellung“

*Franz Liebl**

Dauerthemen, also die ewig ungelösten offenen Fragen einer Organisation, werden unweigerlich zum running gag. Zu den zwei zentralen running gags zwischen 1995 und 2005 zählten zweifellos „Fakultätsstrategie“ einerseits und „Außendarstellung“ andererseits. Während die Fakultät es immerhin wiederholt schaffte, Strategie-Surrogate zu kreieren, kamen Kommunikationskampagnen – sowohl für Universität als auch Fakultät – trotz größter Anstrengungen nicht zustande.

So etwa scheiterte das Kampagnenkonzept mit dem Claim: „Form Dich selbst!“, wobei wir es hier mit dem ansprechendsten Bild aus einer ganzen Serie von Bäckereimotiven bewenden lassen. Nicht ganz zu Unrecht stieß das Konzept in der Organisation auf Entsetzen und erbitterten Widerstand, denn ganz offensichtlich war das Gegenteil dessen zu sehen, was der Claim behauptet.

Doch strategische Überraschungen kommen schließlich aus Ecken, aus denen man es am allerwenigsten vermutet hätte. Ganz überraschend fiel plötzlich eine Kampagne vom Himmel. Die Wochenzeitung Die Zeit hatte heimlich Werbeagenturen beauftragt, für verschiedene deutsche Universitäten ein Kampagnenmotiv samt Claim zu entwickeln. Für Witten/Herdecke sah dies folgendermaßen aus (übernächste Seite).

Das Motiv hatte durchschlagenden Erfolg. „Ja, genau so ist es“, war die ebenso spontane wie einhellige Reaktion – und zwar nicht nur des Lehrpersonals, sondern vor allem der Studierenden. Es war also mehr als nur eine nette, trashig-schräge Image-Idee, um sie nach draußen zu kommunizieren; es war eine valide Zustandsbeschreibung – und damit hochgradig repräsentativ und identitätsstiftend innerhalb der gesamten Organisation. Lediglich einigen Perfektionisten bemängelten irritiert, dass der Reißverschluss am Mund als deplatziert empfunden würde...

* Liebl ist jetzt Professor an der UdK, Universität der Künste, Berlin.

Bild 1: Kampagnen-Entwurf „Form Dich selbst!“

Bild 2: Kampagnen-Entwurf „Deutschlands härteste Denkschule"

Den zentralen Consumer Insight hatte die Agentur trotzdem zutreffend herauspräpariert: Studierende zahlen in Witten nicht unbeträchtliche Studiengebühren für die Herausforderung, immer wieder die eigenen Grenzen austesten zu müssen. Das ist alles andere als angenehm, und manchmal tut es richtig weh. Aber genau darin liegt der Reiz für diejenigen, die sich einem solchen Angebot bewusst aussetzen – und es schließlich bewältigen. Es kann fürwahr kein Zufall sein, dass just zur damaligen Zeit der Marketingforscher Stephen Brown im Harvard Business Review postulierte: „Torment Your Customers, They'll Love It."

Einzig dem Präsidium missfiel die Kampagne – und sie wurde deshalb nicht weiterverfolgt. Die Enttäuschung in der Organisation war groß, aber das hat natürlich seine innere Logik. Doch dies wäre nochmal ein anderes Thema...

Spagat als Prinzip

Dirk Baecker[*]

Im Jahr 1996 wurde ich auf den Reinhard-Mohn-Stiftungslehrstuhl für Unternehmensführung, Wirtschaftsethik und sozialen Wandel der Fakultät für Wirtschaftswissenschaft der Universität Witten/Herdecke berufen. Es war ungewöhnlich, dass ein Soziologe auf einen betriebswirtschaftlichen Lehrstuhl berufen wurde; und es war ungewöhnlich, dass ein Soziologe einen Ruf an einen betriebswirtschaftlichen Lehrstuhl annahm. Sehr schnell jedoch sollte ich merken, dass das bundesweit Ungewöhnliche in Witten/Herdecke das Übliche war. Unter meinen Kollegen in der Fakultät, ja in der ganzen Universität fand ich niemanden, der nicht eine ungewöhnliche Entscheidung getroffen hatte. Und auch unter den Studierenden fand sich kaum jemand, der nicht aus sehr eigenwilligen Motiven das Studium in Witten/Herdecke aufgenommen hatte.

Wen fand ich vor in Witten/Herdecke? Der Dekan der Fakultät für Wirtschaftswissenschaft, Ekkehard Kappler, war Betriebswirt und Feyerabend-Schüler, ein Erkenntnistheoretiker mit deutlich anarchistischen Neigungen. Sein engster Mitarbeiter, Gerhard Walger, war Betriebswirt und gnadenloser

[*] Baecker ist Soziologe und jetzt an der Zeppelin University in Friedrichshafen.

Coach. Franz Liebl war Betriebswirt, spezialisiert auf Marketing und Trendforschung, betrieb jedoch zugleich ein Techno-Label und trat als Performance-Künstler auf. Bei den Volkswirten sah es nicht besser aus. Birger P. Priddat war Volkswirt und Philosoph, der es schaffte, Motive der romantischen Schule der deutschen Philosophie mit den institutionellen Einsichten der historischen Schule der frühen Staatswissenschaften zu verbinden. Michael Hutter war ein Volkswirt, dessen Leidenschaft der italienischen Renaissancekunst galt, die er zum Paradigma gesellschaftlich eingebetteter Innovation machte. Und Carsten Herrmann-Pillath war ein unter die Volkswirte versprengter Sinologe, der zum Kritiker der Transaktionskostentheorie wurde, weil er in China in jeder Transaktion mehr Gewinn als Kosten sah.

Und diese Professoren hatten es mit Studenten zu tun, die zwar ihre Banklehre hinter sich und ihren Stippvisite bei den Unternehmensberatern dieser Welt vor sich hatten, aber abgesehen davon nur unternehmerische Ideen im Kopf hatten, die von der Übernahme des elterlichen Geschäfts über die Beratung von Bundestagsabgeordneten bis zur Gründung weiterer privater Universitäten reichten.

Kann man sich vorstellen, wie es in den Seminaren an dieser Fakultät zuging? Wenn Feyerabend auf Konfuzius, Hegel auf Michael Porter und Leonardo da Vinci auf Niklas Luhmann stießen? Ein paar Jahre später nahm ich einen Ruf innerhalb der Universität auf den Lehrstuhl für Soziologie an der Fakultät für das Studium fundamentale an. Aber in diesen ersten Jahren dachte ich, die Fakultät für Wirtschaftswissenschaft sei bereits Studium fundamentale genug.

Das Prinzip der Fakultät für Wirtschaftswissenschaft war der Spagat. Jeder Dozent und jeder Student war eine eigene Komplexität, mit der Mathematik gesprochen (Diophantus), oder eine eigene Trope, mit der Semiotik gesprochen (Jurij M. Lotman), das heißt die Kombination mindestens zweier Komponenten, die weder auseinander abgeleitet noch aufeinander reduziert werden konnten, aber auch in ihrer jeweiligen Qualität nur miteinander entstehen konnten. Wen auch immer man ansprach, man hatte es sofort auch mit dem anderen zu tun. Ein solcher Spagat ist die Mindestbedingung für den Umgang mit einer ihrerseits komplexen Welt, die sich nicht mehr auf die Vernunft der Dinge, die Einheit des Fortschritts oder den Konsens der Gutwilligen reduzieren lässt. Ohne Ambiguitätstoleranz, robuste Fähigkeiten im Umgang mit Ungewissheit und die Vorbereitung auf Überraschungen, auf die man sich nicht vorbereiten kann, geht gar nichts.

Darüber musste man an der Fakultät für Wirtschaftswissenschaft in jenen Jahren nicht reden. Jeder wusste es, jeder praktizierte es. Ich schrieb damals einen Aufsatz über die Perspektiven einer Fakultät für Wirtschaftswissenschaft, erschienen im Wittener Jahrbuch für ökonomische Literatur 2007, mit dem ich nur offene Türen einrannte, weil ich die Berührungslinien aufzeigte, die die in Witten/Herdecke praktizierten Wirtschaftswissenschaften mit den Sozialwissenschaften längst unterhielten. In Wahrheit ging es jedoch nicht darum, die Wirtschaftswissenschaften zu versozialwissenschaftlichen. Das wäre eine Bewegung gewesen, nicht schöner als das Wort, das sie benennt. In Wahrheit ging es um Praxisorientierung, und zwar um eine Orientierung an der Praxis der Komplexität. Wir alle, Dozenten wie Studierende, interessierten uns für die unternehmerische Welt, weil wir ahnten, dass man dort einen Umgang mit Komplexität pflegte, von dem die Wissenschaften jeglicher Art noch weit entfernt waren. Wir nutzten unsere durchaus akademischen und mit Lust theorielastigen Seminare, um eine Praxis zu beobachten, die damals so wenig wie heute wusste, was sie tat. Sie tat es, das war alles. Sie war und ist eine in Kultur und Gesellschaft, Technik und Welt eingebettete Praxis, die ohne ihre eigenen Spagat nicht zu denken und nicht zu bewältigen ist.

Die Fakultät für Wirtschaftswissenschaft verfügte in jenen 1990er Jahren über jene „requisite variety“ (W. Ross Ashby), die es ihr erlaubte, die Komplexität der Unternehmen nicht „abzubilden“, das hätte uns die von Ekkehard Kappler vertretene Erkenntnistheorie nie erlaubt, aber doch mit eigenen Bildern, Tönen und Texten zu „bespielen“, wie wir dann von den Kollegen der Fakultät für das Studium fundamentale, Michael Bockemühl, Elmar Lampson und Angela Martini lernten. Denn das kam dann ja dazu. Die Universität Witten/Herdecke war selbst nichts anderes als ein dauernder Spagat zwischen Wirtschaft, Kunst und Medizin. Sie hat es sich geleistet, die Wissenschaft als einen Joker zu verstehen, bei dem man sich schon deshalb nicht ausruhen konnte, weil er schneller aus den eigenen Karten in das Spiel der Kollegen und der Studierenden gesprungen war, als man auch nur zuschauen konnte.

Erinnerungen an das Auswahlverfahren

Wolfgang Benkert[*]

Als ich im Oktober 1987 an die Wirtschaftsfakultät kam, war die Mythenbildung über das Auswahlverfahren schon in vollem Gange. Unter den wenigen

[*] Benkert hatte den Lehrstuhl für Finanzwissenschaft.

Studierenden kursierte schon damals die Frage: „Warum ich?“, und von den ebenfalls noch nicht sehr zahlreichen Fakultätsmitgliedern war kaum mehr als Technisches zum Ablauf der Auswahlseminare zu erfahren. Gerd Walger war mit seiner Antwort auf meine Frage nach den Auswahlkriterien: „Jeder Bewerber trägt seine Kriterien in sich selbst“ im damaligen Stadium auch (noch) nicht hilfreich.

Ich hatte ein halbes Jahr Zeit für solche Beobachtungen und Fragen, dann kam ‚mein‘ erstes Auswahlseminar[1]. Ich erinnere mich, dass Herr Homann die Kommissionsleitung innehatte, weil ich beim Unternehmerspiel („Der Betriebsinhaber ist vor wenigen Tagen im jungen Alter verstorben... Bitte beraten Sie .... in Ihrem Kreis über die Fortführung des Betriebes“), dessen Entwicklung ich als Kommissionsmitglied beobachten sollte, impulsiv eine Frage stellte und Herr Homann mich nonverbal zum Schweigen brachte. An das Ereignis habe ich mich später noch öfter erinnert, wenn ein neues Kommissionsmitglied unter meiner Leitung aus Unverständnis ‚hilfreich‘ sein wollte. Die Kriterienoffenheit des Entscheidungsprozesses, für die ich im Vorfeld wohl wenig übrig hatte, hat mich in der Erfahrung der Auswahl selbst unmittelbar überzeugt. Spätestens als ich dann ab ca. 1990 die Verantwortung für das Auswahlverfahren übernommen habe und alljährlich neue Mitarbeiter und Externe mit den Gepflogenheiten des Verfahrens bekannt zu machen hatte, stand ich selbst vor der Schwierigkeit, über Technisches leichter reden zu können als über Erfahrung und doch zu wissen, dass die Regie nicht das Stück ausmacht.

In den ersten Jahren fanden die Auswahlseminare im alten Schulgebäude in der Wemerstraße statt. Es war selbstverständlich, dass die Studierenden sich an der Organisation und Durchführung der Auswahlseminare beteiligten[2], indem sie Übernachtungsplätze für die BewerberInnen[3] bereitstellten und am Auswahltag die Bewirtung der Kommission und der BewerberInnen übernahm – zusammen mit den jeweils pausierenden BewerberInnen, die froh waren, beim Gemüseschnippeln ihre Spannungen ein wenig abbauen zu können. Dafür stellte sich erfahrenen Kommissionsmitgliedern die bange

[1] Ich selbst kam nicht durch ein Auswahlseminar an die Fakultät, sondern durch ordinaliale Privatauswahl im Vier-Augen-Gespräch – eines der vielen Überbleibsel des herkömmlichen Unibetriebs.

[2] Wenn mich die Erinnerung nicht täuscht, hat es Studierende als regelmäßige Mitglieder in den Auswahlkommissionen in den ersten Jahren nicht gegeben.

[3] Die weibliche Form beschrieb über die ersten Jahre eine Minderheit: Trotz Artikeln und Interviews in von jungen Frauen gelesenen Zeitschriften kam weder unter den Bewerbungen noch unter den Studierenden kaum ein Jahrgang auf mehr als 10% Frauenanteil.

Frage, ob die Kochkünste der Studierendencrew wohl hinreichten oder ob sie den Tag mit lediglich Salat im Magen überstehen mussten. Da die Auswahlseminare im Juni/Juli stattfanden, gab es regelmäßig Gelegenheit, die gemeinsamen Mahlzeiten unter den alten Bäumen vor dem Gebäude einzunehmen. Manchen Bewerber habe ich dabei von ganz anderer Seite als im Auswahlgespräch erleben und beobachten können – Wahrnehmungen, die auch in der Abschlusssitzung der Auswahlkommission ausgetauscht wurden.

Meine Erinnerungen an das Auswahlverfahren sind auch Gelegenheit, an zwei Frauen zu erinnern, die neben etlichen anderen Aufgaben in der Fakultät auch für die Organisation des Auswahlverfahrens zuständig waren: Da kommt mir die große, sportliche Ulla Eh vors Auge, die auch unter Stress immer den Überblick behielt und stets einen treffenden Spruch parat hatte. In den Anfangsjahren hat sie das Auswahlverfahren neben dem Sekretariat des Gründungsdekans Ekkehard Kappler betreut, später dann zusammen mit anderen Fakultätsaufgaben. Sie kannte alle Externen persönlich und konnte wie eine gute Gastgeberin die Auswahlkommissionen fruchtbar zusammenstellen. Der Schock ist mir noch präsent, der damals durch die Fakultät ging, als Ulla Eh nicht aus dem Urlaub zurückkehrte und sich in den Tagen danach der Eindruck verdichtete, sie sei mit ihrem Lebensgefährten bei der Überführung eines Segelbootes von den Balearen nach Holland auf hoher See ums Leben gekommen.

Die zweite Person, derer ich gedenken möchte, ist Monika Koch. Sie war über viele Jahre meine Sekretärin und verantwortlich für die Organisation der Auswahlseminare. Ihre Fröhlichkeit und Hilfsbereitschaft war für viele Jahrgänge das erste ‚werbende' Signal bei der Kontaktaufnahme mit der UW/H. Sie hatte ihre eigenen Organisationsprinzipien, mit denen sie erfolgreich und vor allem improvisationsgeeignet war – bei jeglicher Fakultätsaufgabe ein wertvolles Plus, bei kurzfristigen Änderungen im Auswahlprocedere mit Gold aufzuwiegen. Monika Koch ist vor wenigen Jahren nach längerer Krankheit verstorben.

Ulla Eh wie auch Monika Koch wiesen beachtliche Trefferquoten bei der Prognose auf, welche KandidatInnen des Tages ‚genommen' werden würden. Sie sagten das Auswahlergebnis so erfolgreich voraus, dass vorgeschlagen wurde, den Damen die Auswahl zu überlassen und so viel manpower einzusparen. Das sei ihnen entschieden zu viel der Verantwortung, haben sie dann gesagt. In Wirklichkeit haben sie beide gespürt, wie wichtig das Auswahlverfahren für die innere und äußere Stellung bei den Studierenden, nicht weniger bei den Kommissionsmitgliedern war und ist. Ich bin aus jedem Auswahlseminar als ein anderer herausgekommen als der, der es morgens eröffnet hatte.

Ein Brief

*Ekkehard Kappler**

Nach 15 Jahren in Innsbruck erinnere ich mich nicht mehr an alle Details in Witten. Aber natürlich bleibe ich ‚meiner Fakultät' verbunden. Vielleicht können Sie mit den folgenden Informationen etwas anfangen. Da ich nie ein Buchhalter war, kann ich nicht einfach Unterlagen abrufen. Vielleicht dokumentiert die Fakultät inzwischen ihre Prozesse akribischer.

Die Fakultät wurde mit meiner Unterschrift unter den Vertrag als Gründungsdekan vor 26 Jahren gegründet. Wegbegleiter von dieser Stunde an waren Gerd Walger und Dietmar Schlecht und natürlich die unvergessene Ursula Eh. Das war 1984. Im Herbst des Jahres 1984 fingen auch die ersten Studierenden an.

Welche meiner ehemaligen Assistenten und Mitarbeiterinnen und Mitarbeiter sind in der Wissenschaft? Prof. Dr. Stephan Laske (kein Wittener Absolvent und auch kein Wittener Assistent); Prof. Dr. Gerd Walger (in Witten habilitiert), Prof. Dr. Ronald Wadsack, Wolfenbüttel/Braunschweig; Prof. Bernd Mühbauer, Gelsenkirchen; Prof. Dr. Nelson Antonia, Lissabon; Prof. Dr. Tobias Scheytt, Hamburg (Wittener Absolvent); Ao. Prof. Dr. Michael Habersam, Innsbruck (Wittener Absolvent); Ao. Prof. Dr. Martin Piber, Innsbruck (kein Wittener Absolvent und auch keine ehemaliger Wittener Assistent); Prof. Dr. Kai Reimers, Aachen (Wittener Absolvent, aber kein ehemaliger Assistent von mir); Prof. Dr. Stephan Alexander Jansen, Friedrichhafen (Wittener Absolventin, aber keine ehemalige Assistentin von mir); Prof. Dr. Brita Wolf, Magdeburg (Wittener Absolventin, aber keine ehemalige Assistentin von mir); Dr. Claus Otto Scharmer, MIT/Bosten und Helsinki; Dr. Katrin Käufer, MIT/Bosten.

Davon haben bei mir promoviert (h = bei mir habilitiert): Walger (h), Wadsack, Nelson Antonia, Scheytt(h), Habersam (h), Piber (h), Scharmer, Käufer.

Es gibt noch einige ehemalige Wittener Studierende, die promoviert haben bzw. einige an deren Promotion ich beteiligt war und die in der Wissenschaft tätig sind, aber da erinnere ich mich zu wenig: Dr. Claus Jacob, St. Gallen.

* Kappler, Gründer der Wirtschaftsfakultät, hatte zuletzt den Lehrstuhl für Controlling an der Universität Insbruck; er ist emeritiert.

Alles in allem ist das eine lange Liste. Sie ist aber insofern unvollständig, als mein Beitrag zur Wissenschaft nicht nur durch die intensive Zusammenarbeit mit den obengenannten Personen entstanden ist. Ihnen gilt meine Dankbarkeit. Sie gilt aber auch die Studierenden, die sich auf dieses Studium eingelassen habe, und deren tägliche Fragen und Beträge mich vorangebracht haben in meinem Denken und Tun als Wissenschaftler und Hochschullehrer. Das ist keine Floskel, sondern erlebte Universitätspraxis, die sich nur wissenschaftlich nennen kann, wenn Erkenntnis und Anerkenntnis sowie gegenseitige Wertschätzung untrennbar sind. An einer Universität, die diesen Namen nicht nur aufgeklebt hat, gibt es nur Erwachsene – unwiderruflich.

Anekdotisches weiß ich nicht zu berichten. Aber vielleicht ist es interessant, dass mir nahezu alle Kollegen abgeraten haben, das Experiment in Witten zu beginnen. Der Tenor war: „Das Konzept ist gut, aber Du wirst nicht genügend Kolleginnen und Kollegen finden, die den nötigen Mut aufbringen und über die Kanonisierung und die Verschulung der Inhalte durch den Mainstream hinausgehen…"

Für mich waren die elf Jahr in Witten vermutlich meine beste Zeit. Paradoxerweise hat sich für mich von Witten aus die Welt in ihrer Vielfalt, ihrer Fantasie, aber auch ihrer Not erst richtig geöffnet. Ich habe in dieser Zeit erleben können, dass es sinnvoll ist, eine Universität als Universität der Studierenden zu organisieren. Das ist so ziemlich das Gegenteil des sog. Bologna-Prozesses, dessen Namen allein schon eine Beleidigung der ältesten europäischen Universität darstellt. Die Wittener Jahre haben mich in der Überzeugung gestärkt, dass man Studierenden das Studieren zumuten kann – und muss! Dennoch habe ich es immer für falsch gehalten, die Universität Witten/Herdecke als Modell-Universität zu bezeichnen. Wenn andere das tun, ist das deren Sache. Wenn die Angehörigen der UW/H das tun, schaden sie der Universität und ihren Möglichkeiten. Selbstbewusst und reflektiert die eigene Sache vertreten und sich freuen, wenn andere etwas davon nachmachen, das war meine Devise.

Und was konnte man nachmachen? Die wöchentliche Vollversammlung aller Fakultätsmitglieder (Dozierende wie Studierende) mit ihrer sehr offenen Geschäftsordnung, das Mentorenfirmenkonzept, das Konferenzstudium, das ‚Konzept' des Auslandsstudiums, die Selbstverantwortung der Studierenden, die Prüfungen (keine Note für eine schriftlich Prüfung ohne mündliche Prüfung!), das Auswahlseminar (Konzept und Praxis), die Begeisterung der Studierenden (nachmachbar, wenn man sie studieren lässt…), das global studies concept…

„Wie viele Studiengänge haben Sie denn in der Wirtschaftsfakultät?" wurde ich immer wieder gefragt. Meine Antwort war für Bürokraten kaum zu verstehen: „Wir haben derzeit etwa dreihundert Studierende. Da werden wir wohl auch in etwa dreihundert Studiengänge haben.“

Ad multos annos!

Jedem Anfang wohnt ein Zauber inne

*Gerd Walger**

Angefangen hat es für mich mit dem Besuch der sogenannten „Vorbereitungsgruppe“ im Herbst 1983 im Herdecker Krankenhaus zusammen mit Ekkehard Kappler, am ersten Samstag eines Monats mit vegetarischer Erbsensuppe und dem ernsthaften Ringen um die Frage nach der Universität in der heutigen Zeit. Dann kam die Zeit der zwei Büros rechts und links vom Eingang im unteren Geschoß der Jugendstil-Villa des Universitätsvereins in der Ruhrstraße im April 1984, wo die Konzepte entstanden, die die Fakultät damals unvergleichlich gemacht haben.

Wie sind die Konzepte entstanden? Einmal

- aus der Auseinandersetzung mit der Universitätsidee Humboldts, die subjektive Bildung der Klassik mit der objektiven Wissenschaft der Moderne zusammenzubringen,
- aus der Frage: Brauchen wir ein neue BWL? Und der Antwort: BWL auf der Grenze zu betreiben, d.h. sie einerseits von ihrem Wesen her und andererseits von dem her, was sie ausschließt, etwa den Menschen (vgl. die Gutenbergsche Unternehmensfiktion) oder das Denken (vgl. Heidegger: „Die – moderne – Wissenschaft denkt nicht“), zu verstehen,
- aus der Frage, was bedeuten die drei Grundprinzipien der Universität aus der Präambel – zur Freiheit ermutigen, soziale Verantwortung fördern, nach Wahrheit streben – und wie muss ein Studium aussehen, das dies ernst nimmt und konkret umsetzt,
- aus dem Bedenken der Praxis der ersten Medizinstudenten, mit denen wir uns in einem kleinen Café in Herdecke getroffen haben und über ihre Erfahrungen mit ihrem Studienbeginn und dem Versuch, Theorie und Praxis zusammenzubringen, unterhalten haben. Der jetzige Wissenschaftliche Geschäftsführer der Universität, Prof. Dr. Martin Butzlaff, war einer der studentischen Gesprächspartner dieser ersten Stunde, und

* Walger lehrt an der Fakultät.

- aus der Beschäftigung mit den Ideen der Gründer und Unterstützer der Universität, was mich zusammen mit den Praxiserfahrungen der Studierenden zu dem in der Zeitschrift *Organisationsentwicklung 4/1985* veröffentlichten Artikel: „Die Fortsetzung entstehender Kultur“ veranlasst hat.

Unsere ersten Studierenden haben wir mit dem folgenden Plakat geworben, indem wir in die Schulen gegangen sind und unsere Plakate an alle Interessierten versandt haben.

Der Studienbetrieb begann zum Wintersemester 1984 in einer kleinen Zwergschule in der Bochumerstraße am Crengeldanz mit nicht angeschlossenem Kindergarten, darauf folgte die Zeit der Wanderjahre der Fakultät, über die Backstein-Schule in der Wemerstraße, das Thyssengebäude in Stockum bis die Fakultät ihren Platz auf dem neu gebauten Campus erhielt.

Wir haben mit dem Mentorenfirmenkonzept in 15 Jahren 700 Unternehmen zusammengebracht, die an unseren Studierenden interessiert waren und ihnen Orte geboten haben, sich und die gelernten Theorien in der Unternehmenspraxis auszuprobieren.

Als das mich letztlich Faszinierende und damit Wesentliche habe ich es in Witten / Herdecke immer empfunden und empfinde es heute noch so, großartige Menschen kennenzulernen, ob dies nun Studierende oder Interessierte an der Universität oder Menschen, die sich für die Universität eingesetzt haben oder setzen, oder Kollegen waren. Wenn ich gefragt wurde, wie man sich auf das Auswahlseminar vorbereiten könne und was man mitbringen solle, habe ich immer geantwortet: „Kommen Sie persönlich." Ich habe versucht, die Fakultät als einen Ort zu verstehen und zu gestalten, an dem Persönlichkeiten zusammenkommen und sich persönlich begegnen können, und ein am Persönlichen orientiertes Studium anzulegen und zu veranstalten. Das Persönliche ist die Quelle des Unternehmerischen.

Dafür, dass viele Menschen sich auf dieses Vorhaben eingelassen haben und einlassen, sei es in ihrem Studium, in der ‚Praxisreflexion', in der ich mich seit über 20 Jahren mit ehemaligen Studierenden treffe, oder in den Beratungen im Kontext des von mir gegründeten Instituts für Unternehmer- und Unternehmensentwicklung, bin ich überaus dankbar. Eine große Zahl dieser ehemaligen Studenten ist heute als Geschäftsführer oder Vorstand in verantwortlichen Führungsposition von Unternehmen tätig, sind Unternehmenssanierer, Projektleiter großer, für die Unternehmen existenziell bedeutsamer Projekte, international tätige Verhandlungsführer, innovative Unternehmensgründer oder haben das elterliche Unternehmen übernommen oder dieses neu gegründet. Dass sie in den Unternehmen die Dinge persönlich unternehmen, macht für mein Empfinden den Erfolg aus und setzt für mich den Zauber fort, der vor 27 Jahren seinen Anfang nahm.

Die Vollversammlung

Michael Hutter[*]

Vollversammlung war immer am Montag um eins. Meine Institutsräume waren 1987 in der Bochumer Straße, hinter der Tankstelle am Crengeldanz, im ersten Stock eines ehemaligen Schulgebäudes, in dem die Fakultät in ihren ersten drei Jahren untergebracht gewesen war. Ich musste dann zwei Autobahnausfahrten weit fahren, um nach Rüdinghausen zu kommen, zum Hauptgebäude der Fakultät, auch einem Schulhaus. Dort waren die Klassenzimmer zu Seminarräumen gemacht worden, und in einem der Zimmer im ersten Stock fand die Vollversammlung statt.

Das Zimmer war meist überfüllt. Die Tische waren im großen Rechteck gestellt, die Stühle darum herum besetzt, an den Wänden lehnten Studierende. Hier war der öffentliche Raum, der Ort, an dem zur Sprache kam, was zu besprechen war, der Ort, an dem Entscheidungen getroffen wurden. Die wenigen Professoren saßen verteilt im Raum, ebenso ihre Mitarbeiter. Sekretärinnen waren so gut wie nie dabei.

Die Vollversammlung hatte keine Tagesordnung und keinen Moderator. Jeder konnte ein Thema aufrufen, das wurde besprochen, bis die Diskussion zu Ende war, dann meldete sich der Nächste. Das ging so bis gegen drei Uhr, spätestens um Viertel nach drei löste sich die Versammlung auf, weil die nächsten Lehrveranstaltungen begannen. In späteren Jahren kam dann die Regel auf, Themen vorab zu nennen und eine Tagesordnung aufzuschreiben, aber das waren schon Verfallserscheinungen.

Die Vollversammlung verwirklichte in ihren Glanzstunden den herrschaftsfreien Raum, in dem kollektive Entscheidungen nach dem scharfsinnigen Austausch der Argumente einmütig getroffen werden, weil das bessere Argument alle vernünftigen Mitglieder der Gemeinschaft überzeugt hat. In dunkleren Stunden war sie eine Farce, in der für bereits getroffene Entscheidungen die Zustimmung der Studierenden besorgt wurde. Die Diskursethik wurde zur Maske der Mikropolitik.

Das Experiment hatte den Charme der Utopie, und es scheiterte, eigentlich von Anfang an. Ich erinnere mich an meine ersten Vollversammlungserfah-

[*] Hutter, Ökonom, ist ein Direktor des WZB: Wissenschaftszentrum Berlin und Professor an der FU-Berlin.

rungen, als ich noch meinte, ich könnte jetzt wirklich frei vor mich hin argumentieren, dann aber durch einige abwertende, bissige Bemerkungen zur Ordnung gerufen wurde. Bald war mir, wie allen anderen Neuen, Dozenten ebenso wie Studierenden, die Machtstruktur hinter der scheinbaren Gleichheit klar: der Dekan hatte die Deutungshoheit über wirtschaftswissenschaftliche Theorie, über Methoden der Lehre, über das Verhältnis zur Ruhrstraße, also zum Präsidenten und seiner Truppe, und über Teile des Weltgeschehens. Für ihn galten eigene Regeln der Redezeit. Sekundiert wurde er von seinen Assistenten, und von einigen der älteren Studierenden, die an Gesprächen teilnehmen durften, die sich im Umkreis seines Lehrstuhls, in Witten oder in Wuppertal, abspielten. Manche Themen waren freigegeben, dann konnte es tatsächlich zu brillanten Debatten kommen. Andere Themen waren vorbesprochen, dann genügten ein kurzer Blick oder leichtes Knurren, um erkennbar zu machen, wie zu argumentieren war, um sich weiter der Gunst der Herrschenden zu erfreuen. Vielleicht war nur so diese eigentlich unmögliche Fakultät aus dem Boden zu stampfen.

1991 zog die Fakultät für ein paar Jahre des Übergangs in ehemalige Verwaltungsgebäude in Annen, bevor sie dann 1993 mit dem Umzug auf das Wullener Feld im Neubau ankam. Schon in Annen begann die Vollversammlung zu zerfallen. Ich übernahm 1992 das Dekansamt, wenn auch nicht das Machtzentrum. Die Vollversammlungen in einem umgebauten Speicherraum wurden schlechter besucht, die zentralen Akteure zeigten sich nicht mehr. Um die zunehmenden administrativen Probleme zu bewältigen, wurde der jour fixe instituiert, der dann später zum Fakultätsrat mutierte. Die Zeit der Vollversammlung war vorbei, auch wenn sie noch viele Jahre ihren Beitrag zum Identitätsmythos der Wirtschaftsfakultät liefern konnte.

Privatuniversität?

Fritz B. Simon[*]

Es muss Mitte der 90er Jahre gewesen sein, da fand eine Klausur der Fakultät – eine Handvoll Professoren und ziemlich viele wissenschaftliche Mitarbeiter, die Fakultät war noch sehr jung – in einem Hotel, irgendwo am Rhein, statt. Es sollte um die Zukunft der Fakultät gehen, abends wurde gekegelt.

[*] Simon lehrt an der Fakultät.

Damals war ich noch nicht Mitarbeiter der Universität, sondern als externer Berater engagiert, dessen Aufgabe es war, diese Klausur zu moderieren.

Die Anfangsschwierigkeiten waren typisch für wahrscheinlich jede wirtschaftswissenschaftliche Fakultät in Deutschland: die im Vorgespräch vom damaligen Dekan besprochenen Ziele der Veranstaltung hatten relativ wenig zu tun mit den Zielen, welche von den Teilnehmern zu Beginn des zweitägigen Treffens benannt wurden. Doch nach relativ kurzer Zeit war es möglich, einen Konsens herzustellen. Ich erinnere mich nicht mehr genau, aber es ging – wie ja nicht anders zu erwarten – um die Zukunftssicherung der Fakultät.

Im Laufe der nächsten Stunden wurde ein Problem der Fakultät deutlich, das diese Fakultät von den meisten anderen wirtschaftswissenschaftlichen Fakultäten der Bundesrepublik Deutschland unterscheiden dürfte: Man schlägt üblicherweise eine akademische Karriere ein, weil man seine Aufmerksamkeit auf bestimmte Sachthemen richten will, die man beforschen und zu denen man Lehre gestaltet will. Und man möchte dies gern auf einer ökonomisch gesicherten Basis tun: am liebsten als Beamter.

Wer eine akademische Sozialisation durchlaufen hat, die ihn schließlich auf einen Lehrstuhl führt, war mehr oder weniger sein ganzes Berufsleben in einem Kontext tätig, in dem diese Erwartung und Hoffnung genährt wurde. Wer aber nach Witten berufen wird, findet sich in einem ganz anderen Kontext: Er muss auf einmal Verantwortung für die Finanzierung seines Arbeitsplatzes übernehmen – so ziemlich das extreme Gegenbild zur Beamtenphantasie. Niemand hat ihn darauf vorbereitet, und die meisten Professoren werden Professoren, weil sie sich mit solchen Fragen nicht beschäftigen wollen (auch wenn sie Mitglieder einer wirtschaftswissenschaftlichen Fakultät sind).

Die Konsequenz für mich als Leiter der Klausur war, eine Diskussion in Kleingruppen vorzuschlagen. Thema: „Was müsste sich in der Fakultät ändern, wenn die Universität Witten/Herdecke eine private Universität wäre?“

Nach der ersten Verblüffung wurden etliche originelle Ideen entwickelt. Einige davon sind heute realisiert bzw. auf dem Weg da hin, auch wenn von den damaligen Teilnehmern nur noch ein oder zwei an der Universität beschäftigt sind. Die anderen sind inzwischen Beamte.

Die UW/H – ein Familienunternehmen?

Arist von Schlippe[*]

Als ich vor gut fünf Jahren, im April 2005, an das Wittener Institut für Familienunternehmen, das WIFU, kam, wusste ich zwar viel über Familien und die psychologischen Vorgänge in ihnen, aber wenig über Organisationen. Fasziniert arbeitete ich mich in mein neues Arbeitsgebiet Familienunternehmen ein. Parallel dazu lernte ich nach fast dreißig Jahren gesicherter Tätigkeit im öffentlichen Dienst, davon vierundzwanzig an einer staatlichen Universität, was es heißt, in einem privatwirtschaftlich aufgestellten Unternehmen tätig zu sein, in dem die Randbedingungen der eigenen Reproduktionsfähigkeit immer wieder von mir selbst mit zu gewährleisten sind. Beide Erfahrungen zusammen führten mich zu interessanten Assoziationen, passte doch das, was ich über Familienunternehmen lernte, auch gut zu meiner neuen Arbeitsstelle: Eine *founder-centric-culture* war (noch) überall zu erkennen. Ich hatte zwar die frühe Ära nicht miterlebt, aber der Gründungspräsident war als Person (also als Kommunikationsadresse im Sinn der Theorie sozialer Systeme) durchaus noch sehr lebendig, vor allem in einer Fülle von erzählten Geschichten. Die Bilder, die mir geschildert wurden, waren durchaus facettenreich, wie in Familienunternehmen, vor allem in der Gründungsphase auch: flache Hierarchien – erkennbar etwa bis heute an einer großen Nähe zwischen Lehrenden und Lernenden –, schnelle Entscheidungswege, Freude an querdenkerischen Impulsen und Lust an der Wahrnehmung ungewöhnlicher Gelegenheiten gaben mir eine Vorstellung von der Kraft, der Intensität und der Dynamik der Gründerjahre (gelegentlich verbunden mit dem Bedauern, diese nicht ‚hautnäher' selbst miterlebt zu haben). Zugleich wurden jedoch auch Geschichten über organisatorisches Chaos erzählt, über Mikromanagement, darüber, wie Linienstrukturen umgangen wurden und der ‚Gründervater' nicht nur im Positiven überall präsent war.

Familienunternehmen wie Universitäten auch entwickeln sich, die Zeit des Gründers währt nicht ewig. Die Übergänge, gerade von der ersten in die zweite Generation und von der zweiten in die dritte, sind oft dramatische Belastungsproben, weil hier die Art und Weise, wie sich die Organisation aufgestellt ist, von Grund auf herausgefordert wird. Es braucht Zeit, bis sich die

[*] von Schlippe lehrt an der Fakultät.

Grammatiken der Regelsysteme ändern, bis sich eine neue Kultur sich herausdifferenziert und mit ihr neue Geschichten erzählt werden – und vielleicht gehört in den Ablöseprozess von den mentalen Modellen der Gründerorientierung auch dazu, dass einige dieser Geschichten ‚saure Geschichten' sind: Beinahe wären ‚wir' von einem Wettbewerber geschluckt worden (wie es Familienunternehmen in den Turbulenzen des Übergangs gelegentlich geschieht), beinahe wäre die Universität pleite gegangen, mehrere dramatische Rettungsversuche hatte es gegeben – manchmal verbunden mit Verschwörungsgeschichten oder der Glorifizierung einzelner Personen, die dann doch im Guten die Strippen gezogen hätten. Wenn ich den Prozess der letzten fünf Jahre unter der Perspektive der Entwicklung eines Familienunternehmens an mir vorbeiziehen lasse, dann erscheinen mir all diese Geschichten als Begleitumstände einer Metamorphose der Organisation.

Denn die UWH/ hat sich gewandelt. Die Universität hat neue Strukturen, neue Entscheidungswege aufgebaut und entwickelt eine neue Kultur, in der zum Glück die alte durchaus noch gut zu erkennen ist. Das mentale Modell des emperors, dessen Charisma – wie das des Unternehmensgründers – die Unsicherheit der gesamten Organisation zu absorbieren vermochte, ist abgelöst worden. Es ist nüchterner geworden, die Unsicherheitsabsorption kann nun nicht mehr einfach an eine Person abgegeben werden. Aber damit ist auch die Chance da, dass die Organisation als Ganze reifer wird. Vielleicht könnte man sagen, die UW/H folgt nun dem Bild der professional family. Denn nach wie vor meine ich, ein Bewusstsein und ein Gefühl einer besonderen Form von Zusammengehörigkeit zu erkennen, wie es ein Familienunternehmen in einem fortgeschrittenen Entwicklungsstadium auch kennzeichnet, ein Gefühl, das ich selbst auch erlebe. Witten ist ‚wieder da', der Übergang in eine neue Ära geschafft. Diese Ära ist vielleicht nicht mehr so spektakulär, die Zeiten sind ja insgesamt nicht danach, aber professionell, mit einem erkennbaren eigenen Profil und nach wie vor mit der Lust am Querdenken. Damit sehe ich für dieses, für ‚mein' Familienunternehmen die wichtigste Qualität gewährleistet, die es braucht: Zukunftsfähigkeit.

Von Menschen und Hunden

Ulrich van Suntum[*]

Dass es an einer kleinen, privat finanzierten Universität etwas anders zugeht als an einer staatlichen Hochschule habe ich schon bald nach meinem Ruf nach Witten/Herdecke im Jahr 1990 erfahren. Reinhard Mohn, Chef von Bertelsmann und damals Hauptsponsor der UW/H, hatte in einer Rede in Gütersloh angekündigt, er wolle künftig die Arbeitsmarktpolitik der wichtigsten Industrieländer regelmäßig evaluieren lassen. Als Inhaber des Instituts für Wirtschaftspolitik und Konjunkturforschung an der UW/H fühlte ich mich angesprochen. Also schrieb ich ihm einige Tage später einen kurzen Brief, dass ich an dem Projekt interessiert sei. Die Antwort von Mohn, den ich damals noch nicht persönlich kannte, ließ nicht lange auf sich warten. Sie war kurz und bündig: Dieses Projekt sei seiner Meinung nach für Witten/Herdecke einige Nummern zu groß, er sei schon mit richtigem ökonomischen Sachverstand im Gespräch.

Damit nicht genug. Kurz darauf zitierte mich der Präsident und Gründer der UW/H, Konrad Schily, in sein Büro: Wie ich dazu käme, mit dem Hauptsponsor der Universität Kontakt aufzunehmen, ohne ihn vorher zu fragen! Auch mit Schily hatte ich zuvor kaum persönlichen Kontakt gehabt. Ich antwortete ebenso deutlich: Als Professor sei ich in der Forschung frei und könne Kontakt aufnehmen, mit wem ich wolle. Das hat ihn sichtlich beeindruckt. Schlagartig wurde die Gesprächsatmosphäre freundlicher, wir unterhielten uns über meine Publikationspläne und über meinen Hund, den ich regelmäßig mit ins Büro brachte.

Einige Monate später klingelte in meinem Büro das Telefon. Am Apparat war Reinhard Mohn persönlich. Ich hätte ihm doch damals geschrieben wegen des Projektes, wie denn meine Vorstellungen dazu wären. Nach kurzem Gespräch lud er mich nach Gütersloh ein, wo wir uns zum ersten Mal persönlich sahen. Er beeindruckte mich als Persönlichkeit ebenso wie Konrad Schily es getan hatte. Beide wussten genau, was sie wollten, und mit beiden konnte – und musste – man ganz offen reden. Jeder Versuch des ‚Herummeierns' oder salbungsvoller Scheinwissenschaftlichkeit war ihnen ebenso zuwider wie mir. Später wurde mir von Teilnehmern des Gesprächs gesagt,

[*] Van Suntum, Ökonom, ist an der Universität Münster.

sie seien fast im Boden versunken, als ich dem großen Reinhard Mohn in einigen Punkten widersprach. Aber ihm selbst hat es wohl gefallen.

Jedenfalls ging das Projekt nach Witten/Herdecke. Es wurde nicht nur der bis dahin größte und erfolgreichste Auftrag meines Instituts, sondern auch das am längsten laufende Forschungsprojekt der Bertelsmann Stiftung überhaupt. Während die Stiftung normalerweise nur eine Anschubfinanzierung für maximal drei Jahre gab, lief unser Internationales Beschäftigungsranking bis zum Jahr 2010 und überlebte damit sogar seinen ursprünglichen Initiator Reinhard Mohn.

Auch Konrad Schily zeigte sich erfreut. Ich weiß noch genau, wie er sich in einer kritischen Konferenz demonstrativ neben mich setzte und so meinem Institut für jeden sichtbar den Rücken stärkte – ganz der geschulte Psychologe. Sogar mein Hund hat von der Sache profitiert. Als es kritische Stimmen gegen seine Anwesenheit in meinem Büro gab, sprach Schily ein Machtwort: Der Hund tue niemandem etwas und könne daher bleiben. Wenn es doch in staatlichen Universitäten auch immer so vernünftig zugehen würde!

Das Humane

Birger P. Priddat[*]

Das, was ich an der Wirtschaftsfakultät für möglich erlebt habe, möchte ich weder anekdotisch noch passioniert beschreiben, sondern systematisch. An der Fakultät ist etwas möglich geworden, und hoffentlich anhaltend, das einer philosophischen Linie entspricht, die an der Fakultät (und im Studium fundamentale) so nicht erörtert worden ist: es geht um das, was man *um seiner selbst willen* macht, nicht, um vorschnell einer Karriere zu folgen. Es geht um Bildung, nun aber in einem neuen Kontext.

„Im Begriff des Um-seiner-selbst-willen, der für das Denken, wie Aristoteles es versteht, konstitutiv ist, liegt eine spekulativ ökonomische Dimension. Zwar markiert der Begriff eine anamnetische Zirkulation, ein Besinnen auf sich, eine Rückkehr zum Ausgangspunkt. Doch ist das Selbst nicht einfach als eine prädefinierte, positiv vorhandene Entität fertig da und greifbar. Es qualifiziert sich vielmehr erst als das, was es ist und als der positive Wert,

[*] Priddat lehrt an der Fakultät.

den es für die Individuen hat, indem sie sich darauf einlassen, es zu verwirklichen. Zu Beginn ist es ein Spiel um alles und nichts willen, das einigen Mut erfordert und den, der es wagt, einem Gefühl tiefer Armut aussetzt. Die Wette auf das Um-seiner-selbst-willen ist also hochspekulativ – genau wie Platons Werden, das seinen Grund allein in sich selber hat und sich damit gleichfalls aus der Spekulation auf seinen Erfolg erzeugt. Es kann nicht, als wäre es wie eine verfügbare Rohstoffressource einfach da, auf sich zurückgreifen. Alles Anfangen ist daher eine existenzielle Vertrauensinvestition in die eigene Zukunft: Wer sich nichts von sich zu versprechen getraut und niemandem erlauben will, von ihm etwas zu erwarten, wer also bei seiner Zukunft keinen Kredit aufnimmt und sich so bei seiner Zukunft nicht verschuldet, der fängt auch nichts an, der arrangiert sich statt dessen mit dem Lauf der Dinge und sieht nur noch zu, dass er genügend abbekommt vom allgemein Verfügbaren. Dementsprechend definiert Aristoteles das zoon politikon, das politische Lebewesen Mensch, als ein zoon logon echon, ein Lebewesen, das Sprache hat oder, so interpretiert es Nietzsche, Wort hält, das man beim Wort nehmen kann, das sich von sich etwas verspricht und von dem man sich etwas versprechen darf. Das zoon logon echon ist so gesehen Aristoteles' Begriff des homo oeconomicus. Der homo oeconomicus ist nach seinem Verständnis vom Zusammenhang zwischen Produktivität und Ökonomie bereit, sich an das, was werden kann, zu verausgaben. Er ist der Kreditwürdige und -willige. Und in eben dieser existenziellen Kreditwürdigkeit und dieser Bereitschaft zur Verschuldung ist auch die individuelle, als unveräußerbar geltende Würde des Menschen begründet – bzw. begründet sich der autonome Menschenwert, den der moderne Verfassungsstaat voraussetzt, schützt, aber auch in Anspruch nimmt. Wo sich niemand etwas zu verschulden getraut, gibt es diese Würde nicht" (Wolf Dieter Enkelmann: Selbstbehauptung, Nutzwerte und Gewinnaussichten. Grundlinien einer philosophischen Ökonomik, Manuskript 2010, S. 27 f.).

Der homo oeconomicus wird zu eng interpretiert; entfalten wir ihn, indem wir uns zu dem entfalten, was wir werden können: im Kredit auf unsere Zukunft uns selber wagen.

Angekommen

*Michèle Morner**

Als ich im Oktober 2008 an die Universität Witten/Herdecke kam, war ich – gerade einmal ein halbes Jahr lang habilitiert – bereits an einen Punkt angelangt, an dem ich mich ernsthaft fragte, ob ich geeignet sei für die Universitätslaufbahn, ob ich mich jemals wohl fühlen könne in dieser Welt – geprägt von halbverfallenen Gebäuden, unendlicher Bürokratie und knallhart erscheinendem Wettbewerb unter oft egozentrischen Kollegen. Das hatte für mich alles so wenig mit Bildung, mit Persönlichkeitsentwicklung zu tun. Studenten hatten in dieser ‚klassischen' Uni-Welt kaum einen Platz – und wenn nur den, voller Demut den Vorlesungen der Professoren zu lauschen. Widerrede und (zu viel) eigenes Denken schienen unerwünscht. Als ich als frisch Habilitierte anfing zu hinterfragen, wurde mir vorgeworfen, „ich sei nicht devot genug" für den Einstieg in die Uni-Welt.

Mitten in diese Zweifel hinein fiel die Einladung zu einem Berufungsvortrag an die UW/H. Der Reinhard-Mohn-Stiftungslehrstuhl für Unternehmensführung, Wirtschaftsethik und gesellschaftlichen Wandel war neu zu besetzen. Mich empfing eine Berufungskommission, die all das wertschätzte, was für mich in der herkömmlichen Universitätslandschaft verloren schien. Hier in Witten wollte man eben gerade keine „devote" Kollegin, sondern eine mündige, eine selbstbewusste, vielleicht auch mutige, eine die sich auf das Wagnis Witten mit Haut und Haar einlassen wollte.

Angekommen in der UW/H, hatte ich seit langem wieder das Gefühl zu passen: zu passen in eine Welt, in der es gar nicht mehr um Passung ging, sondern darum Unterschiede fruchtbar zu machen, sich konstruktiv miteinander auseinanderzusetzen, sich gegenseitig zu ergänzen. Diese Form der komplementären Zusammenarbeit basiert auf gegenseitigem Respekt und findet an der UW/H nicht nur unter Professoren statt, sondern unter allen Mitarbeitern – und auch den Studierenden gegenüber. Es ist nicht nur eine Floskel, wenn es hier heißt, man begegne sich auf Augenhöhe.

Die Devise lautet: Jeder kann von jedem lernen. Man muss den anderen nur lassen – und sich selber darauf einlassen. Und die UW/H zieht Menschen an, die sich darauf einlassen, Menschen, die immer wieder über den Teller-

* Morner lehrt an der Fakultät.

rand ihrer fachlichen Ausrichtung blicken, Menschen, die die Grundwerte dieser Universität verkörpern und leben: nach Wahrheit streben, soziale Verantwortung fördern, zur Freiheit ermutigen. Was Witten bietet, heißt nicht Lehren oder Studieren, sondern *Wachsen*. Und damit erhält das Konzept der Bildung an der UW/H ein Stück seiner ursprünglichen Bedeutung zurück.

Was qualifiziert für Entrepreneuership? Das Hidden Curriculum der WiWi-Fakultät

Rudolf Wimmer[*]

Der Anspruch

Die Wittener Fakultät für Wirtschafswissenschaften wähle ihre Studenten sehr sorgfältig aus. Erwünscht sind junge Leute, die in ihrem Leben bereits gezeigt haben, dass sie mit sich selbst etwas anfangen können. Sie zeigen Initiative, die über das „bloße“ Bewältigen der üblichen Leistungserwartungen (gutes Abitur, etc.) deutlich hinausgeht. Witten möchte Persönlichkeiten anlocken, die ihr Studium als unternehmerische Herausforderung begreifen – und bereits gezeigt haben, dass sie dafür das persönliche Potenzial mitbringen. Was bedeutet es, das eigene Studium als „Unternehmer“ zu betreiben? Soll das nicht nur eine schöne Worthülse bleiben, so besitzt dieser Anspruch doch erhebliche Implikationen.

- Es braucht eine innere Haltung, einen Bezug zur Welt, der von einer tief sitzenden Neugierde, einer Lust am Entdecken und Ausprobieren, am sich selbst Riskieren, geprägt ist. Da überwiegt der Mut zu Ungewöhnlichem, zum Heraustreten aus den sicheren Pfaden konformen Verhaltens. Man spürt die Freude am Kreieren von intelligenten Fragen, die neue Räume des Wissens erschließen und weniger die Befriedigung an der Reproduktion von Antworten auf Probleme, die sich heute und in Zukunft so gar nicht mehr stellen.
- Es braucht die Tatkraft, im wahrsten Sinne des Wortes etwas Neues in Wert setzen zu wollen: Dies geschieht vielfach durch das überraschende

[*] Wimmer lehrt an der Fakultät.

Rekombinieren von bereits bekannten Elementen, zu Lösungen, die zum Bisherigen einen echten Unterschied machen. Das geht nur über Versuch und Irrtum, d.h. über ein Durchhaltevermögen, das am meisten aus Scheiternserfahrungen lernt.

- Dies bedeutet, in die Verantwortung zu gehen für sich und andere in der Gestaltung schwieriger, komplexer Situationen, immer im gemeinsamen Ringen um eine tragfähige Sinnstiftung, eingebunden in einen größeren gesellschaftlichen Zusammenhang. Dies heißt, sich selbst auch zurücknehmen und in den Dienst der gemeinsamen Sache stellen zu können. Wer sein Studium selbst „unternimmt", fühlt sich in jedem Moment für die eigene Entwicklung, für sein eigenes Lernen selbst verantwortlich. Er/sie schafft sich aktiv die dafür förderlichen Rahmenbedingungen und delegiert diese Verantwortung nicht an sein Umfeld.

Das Angebot

Wie sieht ein Lehr- und Lernangebot aus, das die wesentlichen Bedingungen für die Möglichkeit des Einlösens dieses Anspruches bereitstellt? Sieht man in Witten vorrangig auf das Was der vermittelten Wissensinhalte, so bewegt man sich auch hier im Großen und Ganzen innerhalb des Mainstreams der als relevant erachteten Knowhowfelder aus BWL und VWL. Es geht um die bekannten Grundaxiome des ökonomischen Denkens eingespannt in das Wechselspiel der Perspektiven Unternehmen einerseits und volks- bzw. weltwirtschaftliche Zusammenhänge andererseits. Die Eigenlogik der involvierten wissenschaftlichen Disziplinen (BWL und VWL) lässt in den Inhalten des Lehrangebots nichts allzu viel Spielraum. Freilich schafft das Mentorenfirmenkonzept einen praktischen Erfahrungshintergrund, von dem aus der kluge Beobachter wertvolle Anregungen für eine distanzermöglichende Reflexion sowohl der Theoriebausteine wie auch der betrieblichen Realität gewinnen kann. Wo bleibt da letztlich aber das Unternehmerische, auf das es in Witten doch ankommt? Es steckt offensichtlich nicht so sehr in den Inhalten, im kognitiven Teil des Lernangebots, zumal sich die betriebswirtschaftliche Forschung mit ihren Rationalitätsprämissen immer schon etwas schwer getan hat, das Spezifische am Unternehmer in ihren angestammten Kategorien zu fassen.

Die Paradoxie

In der Art und Weise, wie in Witten die Lernprozesse, weiter gefasst, das studentische Leben insgesamt, arrangiert ist, bzw. wie sich dieses Setting selbst organisiert, liegt ein kunstvoller Widerspruch. Einerseits kommt man als Student nicht umhin, sich ernsthaft auf das scheinbar ausgereifte Wissen der einzelnen Fächer und Subdisziplinen einzulassen. Dieses Sicheinlassen ist Teil des traditionellen Rollenverständnisses und steht in der üblichen Leistungsbeurteilung zumeist auch ganz im Vordergrund. Aus dieser feinmaschigen Disziplinierung des Denkens und der damit verbundenen Unterwerfungsgeste gegenüber dem bereits Gedachten entsteht jedoch keine unternehmerische Fantasie.

Diese wächst genau aus der Fähigkeit, dazu in Distanz gehen zu können, aus dem Beobachten-Lernen, was mit Hilfe dieses Wissensfundus tatsächlich gewusst werden kann. Was bekommt man mit dieser Art, auf die Welt zu schauen, mit dem bewährten Denkinstrumentarium des Faches zu sehen und was eben gerade nicht? Das konsequente Einüben der eigenen Reflexionsfähigkeit gegenüber dem festen Bestand ökonomischen Wissens und dem damit gegebenen Problemlösungsrepertoire das heißt Unternehmer sein: Das Nichtgesehene zu Gesicht bekommen und die darin verborgenen, oft so nahe liegenden Chancen entdecken. Der Unternehmer weiß um sein Nichtwissen und dass sein souveräner Umgang damit sein eigentliches Asset darstellt.

Der heimliche Lehrplan des Wittener Wirtschaftsstudiums besteht in dem gekonnten Umgehenlernen mit der hier angesprochenen Paradoxie: Einerseits ausreichend Respekt entwickeln vor dem schon Gewussten, in Büchern nachlesbaren, damit überhaupt ein tragfähiges Fundament des damit Arbeitens wachsen kann; gleichzeitig eine persönlich gut geankerte Respektlosigkeit aufbauen, um in aller Schärfe die Grenzen des etablierten ökonomischen Denkens zu sehen, d.h. dafür zu sorgen, keinen falschen Sicherheiten zu erliegen. Die aktuelle Wirtschaftskrise, die ja auch eine Krise der Ökonomie ist, liefert dafür ausreichend Impulse. Nur die Bearbeitung dieser höchst widersprüchlichen Rollenzumutungen liefert den Stoff für persönliche Reifungsprozesse, die die erforderliche innere Gelassenheit entstehen lassen, die es braucht, um sich professionell den unvermeidlichen Unwägbarkeiten des Wirtschaftens und seiner Krisenanfälligkeit zu stellen.

Die Lösung

Die Hauptarbeit an der ins Wittener Studium eingebauten Paradoxie findet nicht in den Vorlesungen und Seminaren statt. Sie ereignet sich in der Dynamik des studentischen Miteinanders. Hier ist der Ort, an dem sich jeder mit seinem mitgebrachten, wie immer gut fundierten heroischen Selbstbild konfrontiert sieht und sich im gemeinsamen Tun aneinander abarbeiten kann. Die Erfahrung lehrt ja zumeist, dass wirklich Großartiges letztlich eine gemeinsame Anstrengung braucht. Das Wissen um das eigene Angewiesensein und die damit verbundene Verantwortung macht den Kern erfolgreichen Unternehmertums aus.

Die enorme Dichte des täglichen Miteinanders der Studenten, das den ständig mitlaufenden Vergleich des eigenen In-Erscheinung-Tretens mit dem der anderen erzwingt, schafft jenes spezifische Wittener Milieu, das neben allen kognitiv-inhaltlichen Fähigkeiten die eigentliche Entwicklung von Persönlichkeiten stimuliert. Der Prozess des in Witten Studentseins „erzieht". Diese Sozialisation legt eine gute Basis für jenes postheroische Leadershipverständnis, das der Komplexität heutiger Unternehmensverhältnisse angemessen ist.

Wiege der Wirtschaftsethik

Alexander Brinck[*]

Dass die Universität Witten/Herdecke die heimliche Wiege der Wirtschaftsethik in Deutschland ist, wissen nur wenige. Durch die Ausrichtung des neu gegründeten Reinhard-Mohn-Instituts (RMI) wird diesem Gedanken neue Kraft verliehen.

Viele bedeutsame Wirtschaftsethiker haben einen Teil ihrer Karriere an der Universität Witten/Herdecke verbracht. Die meisten haben ihre eigenen Schulen gegründet: Anhänger der St. Galler integrativen Wirtschaftsethik um Peter Ulrich etwa diskutierten in den 1990er Jahren mit den Ordnungsethikern um Karl Homann hinsichtlich der Frage nach dem systematischen Ort von Moral. Während dieses Schulenstreits blieb die Universität Witten/Herdecke – auch ohne eigene Wirtschafts-Denkrichtung (oder gerade des-

[*] Brink ist Gastprofessor an der Fakultät.

wegen) – das heimliche Zentrum der Wirtschaftsethik und ein wichtiger Impulsgeber. Die Zeit der Schulenbildung und des Lagerdenkens ist aber mittlerweile überwunden. Heute rücken neue Wissenschaftszweige in den Blick: die experimentelle Ökonomik, die Spieltheorie oder die psychologische Ökonomik, um nur einige zu nennen. Die Komplexität des Themas wird dadurch aber sicherlich nicht geringer.

Die Wirtschaftsethik ist undogmatisch geworden: moderner und jünger. An der Universität Köln haben Studierende kürzlich 3.000 KommilitonInnen befragt – darunter ein Drittel Studierende der Wirtschaftswissenschaften. Die Studie zeigt, dass sich knapp die Hälfte der Befragten für das Fach Wirtschafts- und Unternehmensethik interessieren und sich mehr entsprechende Lehrveranstaltungen wünschen. Zwei Drittel der Studierenden sprechen sich sogar dafür aus, dass Wirtschafts- und Unternehmensethik ein Pflichtfach in der wirtschaftswissenschaftlichen Ausbildung wird, 34% sind bereit über die Pflichtvorlesungen hinaus zusätzliche Studienleistungen im Bereich Wirtschafts- und Unternehmensethik zu erbringen. Die Einschätzung der Befragten, dass die Wirtschafts- und Unternehmensethik im Beruf zunehmend wichtig wird, ist nicht ganz unbegründet. Als Muhammad Yunus im letzten Jahr den Bayreuther Vorbildpreis erhielt, waren zeitgleich mehrere DAX-Vorstandsvorsitzende zu persönlichen Gesprächen mit dem Friedensnobelpreisträger geladen. Viele sind vom Social Business begeistert und setzen die Idee mittlerweile in die Tat um.

Unsere jüngste Interview-Studie unter 176 CR-Experten aus 158 Firmen zeigt allerdings auch, dass die Durchführung von CR-Maßnahmen und die Veröffentlichung entsprechender Reports kein Alleinstellungsmerkmal mehr sind. Vor allem börsennotierte Unternehmen haben in den letzten Jahren maßgeblich in CR-Strukturen investiert und entsprechend Personal aufgebaut. So unterhalten bereits vier von fünf DAX-Unternehmen Abteilungen mit z.T. zweistelliger Mitarbeiteranzahl und Budgets im mehrstelligen Millionenbereich. Auch sind entsprechende Instrumente in der Breite bereits vorhanden wie zum Beispiel Ethikkodizes (92%), Verhaltenskodizes (83%), Whistleblowing Guidelines (72%), CR-Reports (65%) und Ethik-Trainings (53%). Dennoch sind die meisten Instrumente für die interne Verbreitung von Unternehmenswerten nicht wirksam. Eine wichtige Erkenntnis der Studie: Die interne Umsetzung von CR gelingt immer dann deutlich besser, wenn die Geschäftsführung persönlich Verantwortung übernimmt und die Unternehmenswerte vorlebt. Das erhöht die Ansprüche an verantwortungsvolle Führungspersönlichkeiten und deren Führungsfähigkeit. Inhabergeführte Unternehmen haben hier gegenüber börsennotierten Unternehmen einen deutlichen Vorsprung: Die Akzeptanz des Themas auf Geschäftsführungsebene ist deutlich höher (bei inhabergeführten Unternehmen zu 58% „sehr hoch", bei börsennotierten Unternehmen nur zu 26%), ebenso die konkrete Unterstützung (54% zu 19%). Obwohl inhabergeführte Unternehmen Instrumente wie Ethik-Kodizes oder CR-Reports weniger nutzen, sind das durchschnittliche Wissen und der Umsetzungsgrad der Unternehmenswerte bei ihnen signifikant höher.

Das Reinhard-Mohn-Institut an der Universität Witten/Herdecke widmet sich der problemorientierten Analyse von Unternehmensführung, Corporate Governance und Controlling auch aus Sicht der Wirtschaftsethik. Die Ausbildung verantwortungsvoller Führungskräfte setzt an deren Führungsfähigkeit an. Als Gastprofessor für Corporate Governance & Philosophy möchte ich die Wirtschafts- und Unternehmensethik am Reinhard-Mohn-Institut durch Forschung und Lehre daher sehr gerne unterstützen.

6. Liste wissenschaftlicher Karrieren von Mitarbeitern und Alumni der Fakultät: 1984 bis 2010

Die Wirtschaftsfakultät hat in den 25 Jahren ihres Bestehens (mindestens) 93 Wissenschaftler bzw. Wissenschaftsmanager produziert. Das ist nicht nur beachtlich, sondern hat uns alle selber erstaunt. Die Fakultät war und ist ein äußerst anregender Ort intellektueller Neugierde. Wir dürfen stolz darauf sein – und präsentieren skizzenhaft die akademischen Kurzportraits.

Universitätsprofessoren auf Lehrstühlen	16
Universitätsprofessoren (W2 und ähnlich)	13
Fachhochschulprofessoren	19
Professoren (in summa)	48
Wissenschaftliche Mitarbeiter, Dozenten etc.	38
Wissenschaftsmanager	7
Total	92

- *Agrawal, Heman* (ehem. Assistent): Bis 2004 Research Assistant an der Wirtschaftsfakultät der UW/H; Lecturer an der Zeppelin University, Friedrichshafen; an der Chualalongkorn University, Thailand; an der Capetown University, Südafrika; aktuell an der University of Colombo, Sri Lanka
- *Ankenbrand, Bernd* (Alumnus): Dr.; Professor für Finanzierung, Karlshochschule International University, Karlsruhe
- *Beck, Theresa Koloma* (Alumna): Dr. des. (HU), Abschluß der Science Po, Paris; Nachwuchsforschergruppe an der Humboldt Universität, Berlin; Center for Conflict Studies Universität Marburg (research assitent)
- *Becker, Markus C.* (Alumnus): Ph.D., Cambridge; Chargé de recherche beim Bureau d'Economie Théorique et Appliquée (BETA), Centre National de Recherche Scientifique (CNRS), Strasbourg; Professor für Management und Marketing an der University of Southern Denmark, Odense
- *Benkert, Wolfgang* (ehem. Assistent): Dr. rer.pol.; Professor für Wirtschaftspolitik und öffentliche Finanzen an der Wirtschaftsfakultät der UW/H
- *Blum, Stefan* (Alumnus): Dr. rer. pol., UW/H; Junior Researcher, Zentrum für Entwicklungsforschung (ZWF), Bonn
- *Bohnet-Joschko, Sabine* (ehem. Assistentin, Promovendin): Dr. rer. pol., UW/H; Professorin für Management des Gesundheitswesens, Leiterin des Forschungszentrums Gesundheitsmanagement an der Wirtschaftsfakultät der UW/H
- *Brei, Christian* (Alumnus): Persönlicher Referent des Universitätspräsidenten, Leuphana Universität, Lüneburg
- *Brink, Alexander* (Promovend): Dr. phil., Ruhr Universität, Bochum; Dr. rer. pol., UW/H; bis 2009 Juniorprofessur Universität Bayreuth, Wirtschaftsfakultät; ab 2009 dort W2-Professur; Gastprofessur an der Wirtschaftsfakultät der UW/H
- *Buckup, Sebastian* (Alumnus): Research Assistant beim United Nations Environment Programme (UNEP), Genf; momentan: Research Assistant beim World Economic Forum (WEF), Davos; Promovend der Wirtschaftsfakultät der UW/H
- *Dievernich, Frank* (ehem. Assistent): Dr. rer. pol., UW/H; Professur für Unternehmensführung an der Fachhochschule Bern

- *Drexler, Barbara* (Promovendin): Dr. rer. pol., UW/H; Programm Director und Dozentin an der Frankfurt School for Finance and Management, Frankfurt am Main
- *Eckhardt, Martina* (ehem. Assistentin): Dr.; Professor für Finanzen, Andrassy Gyula Universität, Budapest
- *Ederer, Peer* (Promovend): Dr. rer. pol., UW/H; laufende Habilitation an der Freien Universität Berlin; Lecturer an der Zeppelin University, Friedrichshafen; Lecturer an der Rotterdam Business School
- *Ehrig, Timo* (Promovend): Dr. rer. pol., UW/H; Fellow am Max-Planck-Institut für Mathematik, Leipzig
- *Faulhaber, Isabelle* (ehem. Assistentin): Wissenschaftliche Mitarbeiterin (Fachreferentin Statistik) bei der Stiftung Wissenschaft und Politik (SWP), Deutsches Institut für Internationale Politik und Sicherheit, Berlin
- *Fernholz, Frank* (Alumnus, Promovend): Dr. rer. pol., UW/H; Dozent an der Wirtschaftsfakultät der UW/H
- *Fuhrmann, Raban* (Promovend): Dr. rer. pol., UW/H; Dozent an der Zeppelin University, Friedrichshafen; seit 2008 Wissenschaftlicher Projektmanager, Zentrum für Technik und Gesellschaft
- *Giesler, Markus* (Alumnus, Promovend): Dr. rer. pol., UW/H; Associated Professor at Schulich-School, York University Toronto; zuvor Kellogg School of Management, Chicago; seit 2009 Professor für Marketing an der Wirtschaftsfakultät der UW/H
- *Göbel, Tim* (Alumnus): Mitglied des Präsidiums, Projektmanagement Marketing, Zeppelin University, Friedrichshafen
- *Gössling, Tobias* (ehem. Assistent, Promovend): Dr. rer. pol., UW/H; Assistent Professor, Sozialwissenschaftliche Fakultät der Universiteit Tilburg, Niederlande
- *Gourgé, Klaus* (Promovend): Dr. rer. pol., UW/H; Professor für Unternehmenskommunikation, Fachhochschule für Wirtschaft und Umwelt, Nürtingen-Geislingen
- *Groddeck, Victoria von* (Alumna): Dr. phil., LMU München; Assistentin am Institut für Soziologie, LMU München
- *Gülden, Kai* (Alumnus): Wissenschaftlicher Mitarbeiter, Abteilung Technologiebewertung, Deutsches Zentrum für Luft- und Raumfahrt (DLR)

- *Habersam, Michael* (Promovend): Dr. rer. pol., UW/H; Professor am Institut für Organisation und Lernen, Universität Innsbruck
- *Hegmann, Horst* (ehem. Assistent): Dr. rer. pol., Universität Hamburg; Assistent an der Universität Fribourg; Forschungsprojektassistent der Wirtschaftsfakultät der UW/H; verstorben 2002
- *Helmuth, Utz* (Alumnus): Promovend; Assistent am Institut für öffentliche Dienstleistungen, Universität St. Gallen
- *Henkel, Anna* (Alumna): Postdoktorandin am Graduiertenkolleg, Institut für Wissenschafts- und Technikforschung, Universität Bielefeld
- *Hirsch, Bernhard* (ehem. Assistent, Promovend): Professor für Controlling, Universität der Bundeswehr, München
- *Höber, Henning* (Alumnus): Researcher, INSEA Business School, Fontainebleau
- *Hose, Christian* (Promovend): Dr. rer.pol., UW/H; Dozent für Investition und Finanzierung beim weiterbildenden Verbundstudiengang (MBA) der Fachhochschulen Bochum, Münster und Südwestfalen
- *Hu, Biliang* (Promovend): Dr. rer. pol., UW/H; Professor für Wirtschaftswissenschaft, Graduate School of the Chinese Academy of Social Sciences, Peking
- *Jacobs, Klaus* (Alumnus): Ph.D., University Dublin, Trinity College; Professor für Strategisches Management, Universität St. Gallen
- *Jansen, Stephan A.* (Alumnus, ehem. Assistent): Dr. rer. pol., UW/H; Projektmanager Merger & Acquisition, UW/H; Gründer und Präsident der Zeppelin University, Friedrichshafen; Professor für Organisation und Kapitalmarkt, Zeppelin University, Friedrichshafen
- *Jung, Stefan* (Alumnus): Dr. rer. pol., UW/H; Professor für Sozial- und Diakoniemanagement an der YMCA University of Applied Sciences, Kassel
- *Kabalak, Alihan* (ehem. Assistent, Promovend): Dr. rer. pol., UW/H; Assistent am Lehrstuhl für Politische Ökonomie, Wirtschaftsfakultät der UW/H; Fellow am Max-Planck-Institut für Mathematik, Leipzig
- *Käufer, Katrin* (Alumna, ehem. Assistentin): Fellow am Community Innovators Lab (CoLab), Massachusetts Institute of Technology (MIT), Department of Urban Studies and Planning; Researching Director am Presencing Institute

- *Khaing, Moe Moe* (Promovendin): Dr. rer. pol., UW/H; Lecturer an der Rangoon University, Myanmar
- *Kliment, Tibor* (ehem. Assistent): Dr.; Professor für Medienwirtschaft an der Rheinischen Fachhochschule, Köln
- *Kolbeck, Christoph* (ehem. Assistent, Promovend): Dr. rer.pol., UW/H; Professor auf dem Arwed-Löske-Stiftungslehrstuhl für Familienunternehmen, Hochschule für angewandte Wissenschaft und Kunst (HAWK), Hildesheim
- *Kreeb, Martin* (ehem. Assistent): Ph.D.; Geschäftsführer des BMBF-Projektes „Balance – Medialisierung der Nachhaltigkeit" am Lehrstuhl für Umweltmanagement, Universität Hohenheim
- *Kuechle, Graciela Rodriguez Marine de* (Assistentin): Ph.D., University of Carlifornia; diverse Lecturer-Positionen in den USA und Argentinien, Assistentin am Wittener Institut für Familienunternehmen, Wirtschaftsfakultät der UW/H
- *Küpers, Wendelin* (Alumnus, Promovend): Dr. rer. pol., UW/H; Wissenschaftlicher Assistent für Betriebswirtschaftslehre, Fernuniversität Hagen; Professor für Organisation und Management, Auckland
- *Kurz, David* (Alumnus): Assistent am Lehrstuhl für Betriebswirtschaftslehre, Universität St. Gallen
- *Lies, Jan* (Promovend): Dr. rer. pol., UW/H; Professor an der Fachhochschule Macromedia für Medien und Kommunikation, Hamburg
- *Marte, Angelica* (Promovendin): Dr. rer. pol., UW/H; Assistentin am Institut für Informatik, Universität Zürich
- *Meisner, Jens* (ehem. Assistent): Dr.; Professor für Organisation, Hochschule Luzern – Wirtschaft (FH); Lehrbeauftragter an der Universität Hannover
- *Meister-Scheytt, Claudia* (Alumna): Wissenschaftliche Assistentin, Institut für Organisation und Lernen, Universität Innsbruck
- *Meschke, Felix* (Alumnus): Assistent Professor für Finance, Carlson School of Management, University of Minnesota
- *Nicolai, Alexander* (ehem. Assistent, Promovend): Dr. rer. pol., UW/H; Stiftungsprofessur Entrepreneurship an der Universität Oldenburg

- *Nicolai (geb. Mennicken), Claudia* (ehem. Assistentin, Promovendin): Dr. rer. pol., UW/H; General Manager und Lecturer, School of Design Thinking, Hasso Plattner Institute, Potsdam
- *Niehus, Christoph* (Alumnus): Dr. rer.pol., Universität Hamburg; Professor für Ökonomik und Management, Hochschule für Ökonomie und Management, Hamburg
- *Nieswandt, Holger* (Alumnus): Research Assistent, Sonderforschungsbereich Staatlichkeit im Wandel, Universität Bremen
- *Noppeney, Claus* (Assistent): Dr.; Professor für Ökonomie und visuelle Kultur, Hochschule der Künste, Bern
- *Olderog, Thorsten* (Promovend): Dr. rer. pol., UW/H; Professor für Betriebswirtschaftslehre, AKAD Hochschule, Pinneberg
- *Ossa, Ralph* (Alumnus): Seit 2008 Assistent Professor für Economics, Booth School of Business, University of Chicago; davor Teaching, und Research Assistent am Center for Economic Performance, London School of Economics
- *Peacock, Mark* (ehem. Assistent): Ph.D., Cambridge; Associated Professor for Social Sciences, Faculty of Arts, York University, Canada
- *Penz, Reinhard* (ehem. Assistent, Promovend): Dr. rer. pol., UW/H; Referat Grundsatzfragen des Arbeitsmarktes, Referat IIa1, Bundesministerium für Arbeit und Soziales, Berlin; Forschungsassistent und Dozent, Hertie School of Governance, Berlin
- *Pfannenschwarz, Armin* (Promovend): Dr. rer. pol., UW/H; Professor für Betriebswirtschaftslehre/Familienunternehmen, Hochschule für Wirtschaft und Recht, Berlin
- *Pratt (geb. Trossen), Nadine* (Promovendin): Dr. rer. pol., UW/H; Project Manager am Wuppertal Institute Collaborating Center on Sustainable Consumption and Production (CSCP), United Nations Environment Programme (UNEP)
- *Prinz, Joachim* (ehem. Assistent): Dr.; Professor am Lehrstuhl für allgemeine Betriebswirtschaftslehre, Universität Duisburg-Essen
- *Reimers, Kai* (Alumnus): Dr.; Professor für Informationssysteme, Wirtschaftswissenschaftliche Fakultät, Universität Aachen

- *Rocholl, Jörg* (Alumnus): Ph.D., Columbia University; Kenan-Flagler-Business School der University of North Carolina, Chapel Hill; Associated Professor am ESMT für Corporate Governance, Berlin
- *Rüsen, Tom* (Alumnus, Promovend): Dr. rer. pol., UW/H; Leitung des Wittener Instituts für Familienunternehmen (WIFU), Wirtschaftsfakultät der UW/H
- *Rughase, Olaf* (Alumnus, Promovend): Dr. rer. pol., UW/H; Dozent, Universität der Künste, Berlin
- *Salzer, Eva* (ehem. Assistentin, Promovendin): Dr. rer. pol., UW/H; Lecturer Medienökonomie, Hochschule Fresenius Idstein; Professorin für Unternehmenskommunikation, Accadis Hochschule, Bad Homburg
- *Scharmer, Claus Otto* (ehem. Assistent, Promovend): Dr. rer. pol., UW/H; Senior Lecturer am Massachusetts Institute of Technology (MIT); Funding Chair, Presencing Institute; Gastprofessor an der Helsinki School of Economics
- *Schefczyk, Michael* (ehem. Assistent, Promovend): Dr. rer. pol., UW/H; habil., Universität Zürich; Assistent, Philosophische Fakultät, Universität Zürich; Lehrstuhlvertretungen Politische Philosophie an der LMU München und an der Universität St. Gallen
- *Scheible, Daniel* (Alumnus, Promovend): Dr. rer. pol., UW/H; ab 2009 Professur für Betriebswirtschaftslehre und Interkulturelle Kompetenz, Hochschule Rhein-Waal
- *Scheytt, Tobias* (ehem. Assistent): Lehrstuhl für Betriebswirtschaftslehre/ Controlling, Helmut Schmidt Universität, Hamburg
- *Schilke, Oliver* (Promovend): Dr. rer. pol., UW/H; Research Assistant, School of Design Thinking, Hasso Plattner Institute, Potsdam
- *Seele (geb. Säverin), Peter* (Promovend, Habilitand): Dr. rer. pol., UW/H; Dr. phil., Universität Düsseldorf; Forschungsassistent an der Philosophischen Fakultät der Universität Düsseldorf (zweite philosophische Promotion); Forschungsgruppenmitglied am Kulturwissenschaftlichen Institut Essen (KWI); Assistenzprofessor an der Universität Basel; seit 2009 Habilitand an der UW/H
- *Schmidt-Petri, Christian* (ehem. Assistent): Akademischer Rat, Lehrstuhl für Praktische Philosophie, Universität Regensburg

- *Stahl, Bernd Carsten* (ehem. Assistent, Promovend): Dr. rer. pol., UW/H; Lecturer, University College, Dublin; Senior Lecturer, Leeds University
- *Storz, Cornelia* (Habilitandin): Dr.; habil. UW/H (Abbruch der Habilitation wegen Berufung); Professorin am Lehrstuhl für Japanische Wirtschaft, Goethe Universität, Frankfurt am Main
- *Suchanek, Andreas* (Alumnus, Promovend): Dr. rer. pol., UW/H; bis 2004 Lehrstuhl für Wirtschafts- und Unternehmensethik, Katholische Universität Eichstätt-Ingolstadt; seitdem Dow-Forschungsprofessur Sustainability and Global Ethics, Handelshochschule Leipzig (HHL); seit 2005 Vorstand des Wittenberg-Zentrums für Globale Ethik; seit 2009 Lehrstuhl für Wirtschafts- und Unternehmensethik der Jackstädt-Stiftung, Handelshochschule Leipzig (HHL)
- *Timmreck, Christian* (ehem. Assistent, Promovend): Dr. rer. pol., UW/H; Lecturer für Unternehmensfinanzierung, Zeppelin University, Friedrichshafen
- *Tuckermann, Harald* (Alumnus): Dr. rer. pol., Universität St. Gallen; Assistent, Habilitand und Lecturer am Institut für Betriebswirtschaft, Universität St. Gallen
- *Vehrkamp, Robert* (ehem. Assistent, Promovend): Dr. rer. pol., UW/H; bis 2004 Wissenschaftlicher Direktor, Zeppelin University, Friedrichshafen; Dozent an der Wirtschaftsfakultät der UW/H und an der Zeppelin University; Wissenschaftlicher Projektmanager, Bertelsmann-Stiftung Gütersloh; Professor an der International School of Management (ISM), Dortmund
- *Völker, Katja* (Alumna): Vize-Präsidentin der Zeppelin University, Friedrichshafen
- *Wadsack, Ronald* (ehem. Assistent): Dr.; Professor für Sportmanagement, Fachhochschule Ostfalia, Salzgitter
- *Wagner, Til* (Alumnus): Promovend, Universität St. Gallen; Wissenschaftlicher Mitarbeiter beim KIM-Forschungsverbund „Subjektivität und kulturelle Ordnung“, Universität St. Gallen
- *Walger, Gerd* (ehem. Assistent, Habilitand): Dr. rer.oec.; habil., UW/H; Professor für Betriebswirtschaftslehre an der Wirtschaftsfakultät der UW/H
- *Weber, Winfried* (ehem. Assistent, Promovend): Dr. rer.pol., UW/H; Professor für Management, Leiter des Instituts für angewandte Managementforschung, Fachhochschule Mannheim

- *Wegner, Gerhard* (ehem. Assistent, Habilitand): Dr. rer. pol., Universität Freiburg; habil., UW/H; Lehrstuhl für Wirtschaftspolitik, Staatswissenschaftliche Fakultät, Universität Erfurt; vorher Professur für Wirtschaftspolitik, Ruhr Universität, Bochum
- *Westerheide, Peter* (Alumnus): Dr., Universität Münster; stellvertretender Leiter des Zentrums für Europäische Wirtschaftsforschung (ZEW), Universität Münster; Koordinator des Leibnitz-Netzwerkes Immobilien- und Kapitalmärkte (ReCabNet)
- *Wieland, Josef* (Habilitand): Dr. rer. oec., Universität Wuppertal; habil., UW/H; Professor für Wirtschafts- und Unternehmensethik, Fachhochschule Konstanz
- *Wilhelm, Sven* (Alumnus): Assistent am Lehrstuhl Wirtschaftswissenschaft für Ingenieure und Naturwissenschaftler, Universität Aachen; Mitarbeiter im Gründerkolleg
- *Wohlgemuth, Michael* (ehem. Assistent, Habilitand): Dr. rer. pol., Universität Jena; habil., UW/H; geschäftsführender Forschungsdirektor, Walter-Eucken-Institut, Universität Freiburg; Vertretungsprofessuren an den Universitäten Erfurt und Innsbruck; Lecturer an der Universität Freiburg; der Baltic International Academy, Riga; der ESEADE, Buenos Aires; der UW/H
- *Wolf, Patricia* (Assistentin): Dr.; Professor am Institut für Betriebs- und Regionalökonomie, Hochschule Luzern – Wirtschaft (FH)
- *Wolff, Birgitta* (Alumna): Dr.; Professor am Lehrstuhl für International Management, Universität Magdeburg; seit 2010 Kultusministerin des Landes Sachsen-Anhalt
- Zhao, Miaogen (Promovend): Dr. rer.pol., UW/H; Direktor des Chinesisch-Deutschen Zentrums für Wissenschaftsförderung der DFG, Berlin

7. Betrachtungen der Alumni zur Fakultät

Warum in Freiheit lernen – oder warum die UW/H noch viele Schneider ausbilden soll

*Dr. Hanno Bästlein**

Schon Goethe hat gesagt, dass jede Lösung eines Problems ein neues ist. Allein die technischen Innovationen des letzten Jahrhunderts haben zu einer regelrechten Bevölkerungsexplosion geführt. Lebten um 1900 zum ersten Mal in der Geschichte der Welt mehr als eine Milliarde Menschen gleichzeitig auf der Erde, so sind es heute, kaum mehr als 100 Jahre später, schon ca. sieben Milliarden. Innovationen schaffen die Voraussetzungen für mehr Menschen und diese schaffen wiederum andere und neue Herausforderungen, die es zu bewältigen gilt. Das wirkt sich nicht nur auf die Umwelt gravierend aus, sondern gleichzeitig auf die Art und Weise, wie Menschen miteinander kommunizieren und in Gesellschaft miteinander leben.

Der vielleicht bedeutendste Soziologe des letzten Jahrhunderts, Niklas Luhman, hat sich u.a. mit diesen Fragen beschäftigt. Führen wir uns aus seinem Werk nur einen Aspekt vor Augen: Luhmann hat festgestellt, dass mit der Erfindung der Sprache Stammesgesellschaften entstanden. Parallel zur Entwicklung der Schrift haben sich Feudalgesellschaften herausgebildet und zeitnah mit der Erfindung des Buchdrucks durch Gutenberg ist der Kapitalismus auf der Weltbühne hervorgetreten.

Drei augenscheinliche Merkmale können daraus abgeleitet werden: Erstens hat jeweils eine Innovation, zeitgleich zu einer grundlegenden Veränderung der Gesellschaftsordnung geführt. Zweitens hat es sich jeweils um eine Innovation im Bereich der Kommunikation gehandelt. Und drittens sind

* Dr. Hanno Bästlein ist heute Vorsitzender des Vorstandes zur Constantia Packaging AG, Wien.

die zeitlichen Abstände dieser innovationsgetriebenen, gesellschaftlichen Umwälzungen immer kürzer geworden.

Während die Entstehung der Sprache und von Stammesgesellschaften hunderttausende Jahre überdauert haben, sind Schrift im weiteren Sinne sowie die Feudalgesellschaften lediglich Jahrzehntausende bekannt. Buchdruck und mit ihm einhergehend der Kapitalismus existieren in dieser Form erst wenige Jahrhunderte.

Unterstellt, Luhmanns Beobachtung und Theorie wäre richtig, ergeben sich daraus zwei weitere, sich bedingende Fragestellungen. Einerseits werden wir uns damit auseinandersetzen müssen, wie sich die globale und mobile Kommunikation auf unser Miteinander und damit auf die Gesellschaftsformen auswirken werden. Andererseits bleibt abzuwarten, ob sich die Zyklen der kommunikativen Innovationssprünge und die damit zu vermutenden gesellschaftlichen Entwicklungen weiter verkürzen werden.

Sehr vieles deutet darauf hin, dass Luhmanns Beobachtungen nicht nur richtig sind, sondern für die Zukunft weiter an Bedeutung gewinnen. Nach kaum 500 Jahren sehen wir uns bereits mitten in der nächsten Innovationsentwicklung, jener der mobilen, globalen Kommunikation: Wissen wird zeitnah nahezu überall verfügbar. Erst seit wenigen Jahren *surfen*, *simsen* und *twittern* wir. Betrachten wir, wie lange es ungefähr gedauert hat 500 Millionen Menschen über neue Kommunikationsmedien miteinander zu verbinden, wird diese Beschleunigung überdeutlich. Hat es beim terrestrischen Telefon seit dessen Erfindung im Jahre 1862 noch ca. 130 Jahre, vermutlich bis in den Zeitraum zwischen 1985 und 1995 gedauert, so benötigte es seit den ersten Emails 1972 nur noch ca. 28 Jahre, bis mehr als 500 Millionen Internetanschlüsse im Jahr 2000 verzeichnet wurden (heute mehr als zwei Milliarden). Die Zeitspanne bei Mobiltelefonen für die gleiche Verbreitung, seit Anfang der 80er Jahre wird auf ca. 17 Jahre geschätzt. Und schließlich registrierte das erst im Jahre 2004 gegründete soziale Netzwerk *Facebook* bereits nach 6,5 Jahren im Jahr 2010 seinen 500-millionsten Teilnehmer.

Das diese Entwicklungen die Form unseres (wirtschaftlichen) Zusammenlebens verändern, hat uns nicht zuletzt die (Finanz-)Krise deutlich vor Augen geführt. Gerade die innovativen Kommunikationstechniken haben die Globalisierung der Wirtschaft in dem heutigen Umfang erst möglich gemacht. Insbesondere die Finanzmärkte haben diese Möglichkeiten viel schneller als die meisten Branchen für ihre Zwecke zu nutzen gewusst. Doch kaum jemand konnte bislang eine Antwort formulieren, wie die Gesellschaft damit umgehen will. Nahezu kein herkömmliches makroökonomisches Modell sieht einen eigenständig, von der Realwirtschaft weitgehend abgekoppelten Finanzbereich vor. Fakt ist allerdings, dass er existiert und unsere Gesellschaft maßgeblich beeinflusst. Auf diese Auswirkungen der globalen Kommunikation können national limitierte Legislativen kaum wirksame Antworten finden. Welchen Effekt hat es schon, wenn beispielsweise einzelne Staaten ungedeckte Leerverkäufe untersagen? Eine föderalistische Staatengemeinschaft wie die Europäische Union, die als zukunftsorientiertes Modell für Europa konzipiert worden ist, sieht sich schon wenige Jahrzehnte nach ihrer Gründung von dieser Entwicklung massiv herausgefordert. Schon wird offen diskutiert, ob die Weiterentwicklung des ordnungspolitischen Rahmens nicht wesentlich konzertierterer Konzepte erfordert.

Aber wo sollte die Suche, das Ringen nach grenzübergreifenden Ansätzen, wie beispielsweise dem des liberalen Paternalismus, besser möglich sein, als an einer im besten Sinne Freien Universität, wie der UW/H.

George Bernhard Shaw hat einmal gesagt: „Der einzige Mensch, der sich vernünftig benimmt, ist mein Schneider. Er nimmt jedes Mal Maß, wenn er mich trifft, während alle anderen Menschen immer die alten Maßstäbe anlegen, in der Meinung, sie passten noch.“ Auf dass die UW/H weiterhin Studierenden die Möglichkeit eröffnet, sich zum Schneider auszubilden!

Aus der Universität – erwachsen

Klaudia Werth[*]

Erwachsen werden bedeutet, als Kind von der Mutter (dem Elternhaus) Abschied zu nehmen und als Erwachsener wiederzukehren. Diese Entwicklung ist eine große Anstrengung für beide Seiten, Mutter und Kind, denn beide müssen sich für die reife Begegnung wandeln. Der Weg vom Abschied als Kind bis zur Wiederkehr als Erwachsener ist lang, mühsam und nicht selten erleben beide Seiten hohe Erwartungen und ebenso große Enttäuschungen. *Alma mater*, die nährende Mutter, und ihre Studierenden und Alumni müssen ähnliches leisten.

Anfang 2009 befindet sich die Universität Witten/Herdecke in einer finanziellen Krise. Die Universität in Not, das lässt viele Ehemalige nicht kalt. So entwickeln Alumni mit großer Energie Pläne zu einem Beitrag am Fortbestand ihrer Universität. Verantwortung übernehmen, Neues denken, Initiative

[*] Klaudia Werth ist heute in der Leitung von UNICEF Deutschland tätig.

ergreifen das haben wir von unserer *alma mater* gelernt: die Alumni-Initiative entsteht.

Alumni sammeln Geld ein, viel Geld und zusätzlich Zahlungsversprechen als Grundlage eines Anteilserwerbs an der Universität Witten/Herdecke. Ehemalige gründen einen Verein, das war schon während des Studiums die Antwort auf Krisen. Diesmal soll es nur noch besser werden, denn wir sind um unsere beruflichen Erfahrungen reicher. Und wie eine gute Universität aussieht, das wissen wir noch immer, denn wir sind doch diejenigen, die an einer guten Universität studiert haben. Wir denken groß, handeln unternehmerisch und die widrigen Umstände fordern uns mehr heraus als sie uns entmutigen: auch das haben wir an dieser Universität gelernt.

Viele ehemalige Kommilitoninnen und Kommilitonen sind ambitioniert und wollen sich nicht nur finanziell engagieren, nein, wir wollen noch einmal richtig eintauchen in die Universität, sie mitgestalten. Der Kontakt untereinander beflügelt zusätzlich. Die Erinnerung an früher, an die guten alten Zeiten und an das, was damals möglich war, macht die beteiligten Alumni euphorisch.

Selbst als Ehemalige verkennen wir die komplexe politische Lage der Universität und die schwierigen, unsteten Konstellationen für Entscheidungen. Das Fortkommen ist mühsam und von Enttäuschungen begleitet.

In unserer Begeisterung für die Universität und die Kraft der Initiative ignorieren viele von den aktiven Alumni ihre eigenen Realitäten mit anspruchsvollen beruflichen Aufgaben, viele mit eigener Familie.

Unser Abschied von der Universität liegt lange zurück, dennoch begeben wir uns distanzlos und unbemerkt in die Vergangenheit, ganz so als könnte sie noch Mal unsere Gegenwart werden. Erst auf einer langen beschwerlich zurück gelegten Wegstrecke stellen wir fest, dass unser Leben längst woanders stattfindet, dass wir nicht einfach zurückgehen können.

Die Positionierung im Spiel mit immer neuen Mitspielern gestaltet sich schwierig; die Alumni-Initiative gerät immer wieder in eine schwache Position, nach dem Applaus zum Aufbruch agieren sicher geglaubte Partner für Allianzen zurückhaltend.

Schließlich kann die Alumni-Initiative gegenüber der Universität nicht alles halten, was sie in der Zeit der Gründung gerne versprochen hat. Das ist bedauerlich, unangenehm und nicht weniger überraschend. Aber wie ist es zu verstehen?

Diese Universität kann gestandene Erwachsene zu großem Übermut verführen. Die Nähe zur Universität torpediert die Realitätseinschätzung zumindest mancher Alumni. Verantwortungsbewusstsein und unternehmerisches Handeln erklären einen Teil, reichen jedoch nicht aus, die große Begeisterung, die die Alumni-Initiative bei den Beteiligten ausgelöst hat, zu erklären. Was bewegt die aktiven Alumni so viel Energie aufzubringen und Rückschläge zu ertragen?

Es ist die starke soziale und emotionale Verbindung, die wir während des Studiums mit dieser Universität eingegangen sind. Diese starke Bindung der Studierenden an ihre Universität ist eine wesentliche Voraussetzung für ihre Sozialisationskraft während des Studiums. Entwicklung von sozialer Verantwortung und Persönlichkeit sind nur möglich, wenn sich Menschen mit ihrer Umgebung verbinden. Verbundenheit ist eine wichtige Voraussetzung für die Qualität des Studiums und der Universität Witten/Herdecke.

Die Stärke der Alumni sind Abstand und ihre dazu gewonnene Professionalität. Fehlende Unabhängigkeit beschränkt die Freiheit im Denken und Handeln und gibt Partnern Gelegenheit, die Ebenbürtigkeit abzuerkennen. Nur eine Begegnung von Alumni und *alma mater* auf Augenhöhe und mit erwachsener Distanz machen das Zusammenwirken für beide Seiten langfristig fruchtbar.

Der Aufbruch 2009 zeigt, Alumni sind bereit für ihre Universität viel zu geben, ihr Geld, ihre Kompetenz und ihre Begeisterung. Das gilt es für die Universität Witten/Herdecke wie für die Alumni zu erhalten.

Freiheit aushalten. Zur Aktualität eines Gründungsgedankens

*Lorenz Freudenberg**

„Warum sollen wir gerade Ihnen einen Studienplatz anbieten?" – diese Frage, ernsthaft und persönlich gestellt im Kontext eines *Entscheidungsprozesses*, an dessen Ende die Universität Witten/Herdecke mir im Jahr 1989 einen Studienplatz anbot, klingt in mir nach. Am Anfang eines wirtschaftswissenschaftlichen Studiums, in dessen konzeptionellen Zentrum durchgängig die Befähigung zur eigenständigen Entscheidung stand, haben sich Menschen in einem mehrstufigen Auswahlverfahren für mich entschieden. Kein System, keine auf standardisierten Kriterien basierenden Automatismen der Auf-

* Lorenz Freudenberg ist heute Head of Corporate Human Resources der Unternehmensgruppe Freudenberg.

nahme und damit, vom ersten Tag des Studiums spürbar, keine Legimitation für Lehrende und Lernende, sich voneinander zu distanzieren. Man hatte es ja gewollt.

Dem Entscheidungsprozess folgte ein wirtschaftswissenschaftliches Studium, das mich in seiner konzeptionellen Radikalität und Klarheit bis heute prägend beeinflusst. *Freiheit aushalten.* Kein Studienverlauf glich dem anderen, persönlich erarbeitete Leitfragen und eine hohe Selbstverantwortung und -disziplin bestimmten maßgeblich dessen Qualität. Und immer wieder ging es darum, eigene Wege zu finden und diese gangbar zu machen. Die Suche nach einer Mentorenfirma (kein fester Pool von Unternehmen, wo auch für den letzten noch ein Plätzchen frei ist), das Ringen um ein Auslandsstudium (ohne die Unterstützung von Rahmenverträgen zwischen Partnerhochschulen) verlangten ein aktives Kümmern. Die studienbegleitende Herausforderung, eigene Projekte und Themenstellungen in einen intensiven Diskussions- und Kritikprozess zu stellen, um letztlich ihre Anerkennung für den angestrebten Abschluss zu erreichen, erzeugte einen ganz eigenen, qualitativen Leistungsdruck.

Letztlich sind es diese beiden Elemente, ein klares gegenseitiges Bekenntnis im Rahmen der Anfangsentscheidung und größtmögliche – in ein Bekenntnis zur persönlichen Verantwortung eingebetteter – Gestaltungsfreiheit, die als Bestandteil einer Fakultätskonzeption bis heute nichts von ihrer Aktualität eingebüßt haben. Ermöglichen die aktuell angewandten Auswahlverfahren tatsächlich einen Prozess, an dessen Ende sich Studienbewerber und Universitätsvertreter tatsächlich füreinander entscheiden und damit Verantwortung für den gemeinsamen Weg des erfolgreichen Studiums übernehmen können? Haben uns der Bologna-Prozess und seine Umsetzung in universitäre Praxis dem Ziel näher gebracht, entscheidungsfähige und bereite Gestalterinnen und Gestalter unserer Gesellschaft mit positivem Schwung auf ihren Weg zu schicken?

Meine Wahrnehmung in der Praxis ist häufig eine andere. Durch Creditpoints geprägte, ausgefuchste Studienpläne führen zu Stundenplänen, die in ihrer Dichte und Vorstrukturierung insbesondere in den Bachelor-Studiengängen kaum Unterschiede zum Lehrplan einer gymnasialen Oberstufe erkennen lassen. In persönlichen Gesprächen mit Studierenden bemerke ich, dass diese zu jedem Zeitpunkt das nächste Ziel, die nächste, eng getaktete Prüfungsleistung im Blick haben.

Aber wie kommt einer zu seinem Ziel, wenn es nicht durch die Rahmenbedingungen vorgegeben wird?

Fördern wir Gestaltungswillen und -fähigkeit maximal, wenn auch im Studium die wichtigsten Meilensteine nach dem Ordnungskriterium der

Noten genommen werden? Konkret am Beispiel der weit verbreiteten Frage der Vergabe von Plätzen für die inzwischen häufig vorgeschriebenen Auslandssemester: Die Studienbesten wählen zuerst. Die Regel ist klar, eine weitergehende inhaltliche Auseinandersetzung muss nicht stattfinden.

Bachelor-Studenten sind – bei normalem Studienverlauf – heute Anfang zwanzig, wenn sie ihren Weg in die berufliche Praxis finden müssen. Dort treffen sie auf Unternehmen, in denen offene Netzwerke und Teamstrukturen klare Organisationsformen und Hierarchien zunehmend infrage stellen und ablösen. Die traditionellen Meister- und Ausbilderebenen haben in einem flachen Organisationsaufbau ihren Platz verloren. Selbstorganisationsfähigkeit, Kommunikations- und Konfliktverhalten, vor allem aber die Fähigkeit selbstgesteckte Ziele eigenständig zu erreichen, rücken in den Vordergrund.

Vor kurzem sagte mir ein Werksleiter in unserem Unternehmen: „Meine Generation erlebte den Praxisschock als Rückkehr in eine vorgegebene Ordnung im Anschluss an die Freiheiten der Studienzeit. Die jetzigen Absolventen erleben den Praxisschock als Eintritt in eine offene Welt, in der ihre Initiative und Eigenverantwortung den weiteren Weg entscheiden."

Freiheit aushalten. Gibt es eine erfolgversprechendere Maxime für die Rahmenbedingungen eines Studiums in Vorbereitung auf die Gestaltungsherausforderungen einer hochkomplexen, vernetzten und offenen Welt?

Der wirtschaftswissenschaftlichen Fakultät wünsche ich zu ihrem 25-jährigen Bestehen von Herzen alles Gute. Die Gründungsfragen sind bis heute hochaktuell und ihre gestaltende Beantwortung unter heutigen Rahmenbedingungen durch Studenten, Professoren und Mitarbeiter ist eine wichtige und lohnende Aufgabe.

Umgang mit Irritation. Mein Studium an der Wirtschaftsfakultät

Mazdak Rafaty[*]

Nein, ein müheloser Spaziergang war meine Studentenzeit an der UW/H wahrlich nicht. Bewusst und mit viel Nachdruck hatte ich mich für das Studium der Wirtschaftswissenschaft beworben. Vorbelastet durch mein trost-

[*] Mazdak Rafaty ist heute selbstständig in Dubai tätig

loses Grundstudium an einer staatlichen Uni, waren meine Erwartungen an das vielseitige und praxisorientierte Konzept der UW/H sehr hoch. Doch von erstem Tag des aktiven Studierens wurde ich mit einem Aspekt konfrontiert, der sowohl theoretisch als auch praktisch eine zentrale Rolle in meiner neuen Umgebung spielte: die Irritation.

Die für mich irritierenden Elemente waren vielseitig und begannen bereits mit den ersten Begegnungen mit den neuen Mitstudenten. Mit meinem multikulturellen Hintergrund, der bewegenden Biographie eines Flüchtlingskindes und der Sprachen, die ich beherrsche, war mir bis dato eine besondere Stellung in jeder Gemeinschaft sicher. In Witten jedoch waren scheinbar alle etwas anders als die Masse: Künstler, Querdenker, aber auch Analytiker und Lenker tummelten sich in ein und demselben Raum. Die kleinen Seminargruppen führten zu einer unausweichlichen Konfrontation mit dieser Gedanken- und Persönlichkeitsvielfalt. Als Neu- und Quereinsteiger war ich sehr oft mit der Intensität der Gespräche und mit den Auseinandersetzungen in den Seminaren maßlos überfordert. So hilfreich die Mitstudenten bei der Bewältigung von alltäglichen Hürden im Computerraum, in der Bibliothek und in der Cafeteria waren, so erbarmungslos waren sie in Diskussionen in den Seminaren. Ein Eintauchen und Verstecken in der Masse war nicht möglich. Wer unvorbereitet in eine Veranstaltung ging, wurde nicht vom Professor, sondern von den Mitstudenten gnadenlos bloßgestellt.

Die enge Beziehung zu den Professoren sowie ihre Art der Seminargestaltung waren mir vollkommen unbekannt. Manche Themen mussten wir als Studenten für das gesamte Semester vorbereiten, gestalten und sogar die Literatur selbst auswählen. Die Lehrveranstaltung wurde als ein Raum des wechselseitigen Lernens zwischen den Studenten und den Professoren verstanden. Hinzu kam ein ganzer Tag in der Woche für das Studium fundamentale und ein weiterer Tag für praktische Erfahrungen in verschiedenen Unternehmen. Das stellte mein Bild des Studiums, welches stark von der öffentlichen Uni geprägt war, vollkommen auf dem Kopf. Hinzu kam, dass ich als Quereinsteiger mein Studium mit Sondergenehmigung zum Sommersemester und nicht, wie damals üblich, zum Wintersemester begonnen hatte. Das machte mich bei Grundstudiums-, Hauptstudiums- und anderen Quereinsteigerstudenten zum irritierenden Außenseiter.

Es verging mindestens ein Semester, bis ich mich in UW/H zu bewegen und zu orientieren wusste. Die gleiche Zeit hat auch meine Umgebung gebraucht, um zu verstehen, wer ich bin und was ich an der UW/H zu suchen hatte. Damit begann jedoch die nachhaltigste und faszinierendste Irritationszeit: die Zeit der Selbstreflexion. In den Seminaren wurde ich mehr wahrgenommen und konnte mich wesentlich aktiver inhaltlich einbringen. Daher waren die Diskussionen intensiver und führten sehr oft zur kritischen Hinterfragung der eigenen Einstellungen und Meinungen. Wochenendseminare in abgeschotteten Klöstern, Rollenspiele und aktive Projekte zwangen mich jedes Mal, mich vollkommen und ohne Ablenkung in die verschiedenen Situationen einzubringen. Es war eine äußerst kraftraubende und oft auch zermürbende Erfahrung, immer wieder mit eigenen Grenzen konfrontiert zu werden. Das Akzeptieren dieses Prozesses als zentraler Bestandteil meines Studiums und der persönlichen Weiterentwicklung hat mich bis zum Ende meiner Studienzeit und darüber hinaus begleitet.

Mein heutiges Leben ist geprägt von kulturellen Irritationen und Momenten, an denen ich bis an die Grenzen meiner geistigen Fähigkeiten gefordert werde. Nicht selten sind es die Erfahrungen und Erinnerungen aus dem Selbstreflexionsprozess an der UW/H, welche mir den Umgang mit diesen komplexen Alltagssituationen erleichtern und es mir ermöglichen, produktiv mit diesen komplexen und irritierenden Situationen umzugehen. Kann man sich mehr von einem gelungenen Studium wünschen?

Memories of Witten/Herdecke University – or the „Wie meinst Du das Genau?“-University

Donna Hemsley[*]

If there is one thing I have taken with me from my time at Witten/Herdecke, it is the art of questioning and discussing in German: getting below the surface of a topic. Coming from New Zealand to study in Germany was a dream of mine. I had gone back to New Zealand to work after an exchange year and I was looking for a university that would suit my learning style. When I found Witten/Herdecke I was so excited at the prospect of studying with a small group of people in an experimental environment. I remember the interviews clearly and the butterflies I had in my stomach as I rang my parents in New Zealand to tell them I had been accepted.

At the beginning it was frustrating in many ways – the language, the decisions and the excess freedom to create my own studies. This frustration was exactly the thing that made me grow as a person and gave me the experience

[*] Today Donna Hemsley is working for Hemsley Training & Consulting in Zurich.

that I continue to draw on today. There are two things that I think of when Witten/Herdecke comes to mind:

Firstly, observe and learn – I remember one session with Prof. Kappler where he said to first get to know a company by conforming to their culture – there is no use in rocking the boat as trainee – when you are in the position to change things, change them. I don't know if those were the exact words or whether I have rhymed them together myself over the years, but the thought was implanted in my brain and I know it had something to do with Prof. Kappler.

Secondly, question – "What do you mean by that exactly?" This was a sentence that became ingrained in me when I was at Witten/Herdecke. Listen to other students and discuss different points of view. There is a difference between listening and hearing and I learnt to listen and understand. This is an important skill in the global business environment. Now I train managers my-self in listening skills as part the leadership programs I am involved in.

After so many years it's not necessarily the business theories and material that I remember about Witten/Herdecke it is the people, the professors, my fellow students and the positive memories I have taken with me from my time there.

My journey after Witten/Herdecke has taken me into the Media and tele-communication industries and finally into my own business which I have designed to meet my needs. My father once said to me: "Find a job that you love and you will never work again" – as a communication consultant and trainer, that's what I'm doing.

I find that my experience at Witten/Herdecke gave me the confidence to deal with freedom of choice and question what is around me. I am proud to have studied at the university and hope that they will carry on providing an experimental learning environment that meets the needs of each individual student.

Herzlichen Glückwunsch liebe UW/H!

Arne Burfeind[*]

Fünf Jahre war ich ein aktiver Teil von Dir und am Ende meiner Zeit hast Du mich zum *Dipl. oec.* geschlagen. In den fünf Jahren hast Du mich bewusst und unbewusst auf die Zukunft vorbereitet nach dem Motto: „Es ist das Heute, das der Zukunft seine Regel gibt."

Als ich damals nach zwei Jahren Ausbildung in Hamburg nach Witten kam, um das Studium zu beginnen, war es, als käme ich vom Land in die Stadt und nicht umgekehrt. Vieles von dem, was ich bis dahin in Theorie und Praxis erlernt hatte, wurde auf den Kopf gestellt oder gar ad absurdum geführt.

Der Unterschied ist gewollt, damit das Ergebnis einzigartig wird. – Während ich zu Bankzeiten noch das Gefühl hatte, die Leute um mich herum seien mir entlang mehrerer Dimensionen relativ vertraut, so war dies nicht in Witten der Fall. Du hattest es Dir bei der Komposition eines Studienjahrgangs vorbehalten, einen echten UW/H-Blend zu gestalten. Ganz im Gegensatz zu einer erfolgreichen Winzerkultur sollte es jedes Jahr aufs Neue ein einzigartiger Jahrgang werden statt einfach nur geschmackliche Kontinuität fortzusetzen. So waren auch wir ein verrückter Blend, angefangen von den speziellen Trauben, wie dem Deutsch-Brasilianer Oskar, der sich seit dem ersten Tag in Witten mehr um sein Brasilien-Reisebüro und Auswahl von Klöstern zum Lernen kümmerte als um das Studium selbst, weiter über den entspannten und Harley fahrenden Ex-Topverkäufer von P&C, für den immer alles „easy" war bis zum Ökobauernpärchen, die sich auch in Witten immer noch ein Stück agrarischer Unabhängigkeit durch den Hintergarten sicherten. Ich, sowie ein paar andere, waren eher Teil des 80% Cabernet Sauvignons, dem noch erst seine persönliche Note verliehen werden musste – dafür sorgten im Laufe der Zeit die speziellen Trauben unseres Jahrgangs.

Gemacht wird bei Dir nur das, was am Ende alle wollen. – Der/die Student(in) bestimmt selbst, was er/sie lernen/studieren möchte, aber in Abstimmung mit allen anderen Studierenden im Raum – nix mit klaren Lernzielen und Wissenskonsum. Nein, stattdessen hält der Professor den Studierenden noch den Föhn ins Gesicht und provoziert die Mehrheiten, um mög-

[*] Anne Burfeind arbeitet heute als Principal der Boston Consulting Group in Hamburg.

lichst wenig Konsens in kurzer Zeit zu erzielen. Bei mir führte dies in den ersten Monaten dazu, an der Entscheidung zu zweifeln, mein Studium an der UW/H absolvieren zu wollen. Für eine ungeduldige und pragmatische Person wie mich war es der blanke Horror und eine Herausforderung an Selbstdisziplin und Demut. Heute hilft mir diese Prägung, Entscheidungen und Beschlüsse ernsthaft zu hinterfragen, wenn auch nicht zur Freude aller Beteiligten. Als kritische Geister von Witten hast Du uns alle entlassen, aber einen Schnaps Realität hätte uns manchmal noch gut getan, nämlich zu wissen, wann es denn manchmal auch gut ist mit dem Hinterfragen – aber vielleicht sind deshalb so viele Deiner Absolventen erstmal in der Beratung gelandet…

Weniger ist mehr… Aber zu Anfang hast Du uns einfach mal drauf losgelassen. – Sehr schön war es mit anzusehen, wie Dein Studienangebot in den ersten 4-6 Wochen dazu (ver)führte, dass sämtliche Studium fundamentale-Kurse und Wochenendseminare mit vielversprechenden Titeln oder bekannten Namen vor lauter Studierendeninteresse überliefen. Fast alle Erstsemester haben sich erstmal schön vollgesogen mit Inhalten, bis irgendwann „die Flasche leer“ war. Warum eigentlich? Weil wir alle schön in jedem blöden Karrieremagazin (…und davon gab es damals reichlich!) lesen konnten, was Mann/Frau alles bis zum 24. Lebensjahr geschafft haben sollte – und wir waren ja schon alle 20+x!

Du hast mir gezeigt, wie ein System wirklich funktioniert. – Man beschwere sich beim LH-Vorstand gemeinsam mit einem Kommilitonen im ersten Semester für die unbegründete Absage zum Mentorenfirmenprogramm und lade gleichzeitig den CEO desselben Unternehmens für die Einführungswochen ein. Daraufhin erhält der Mitschöpfer und Verwalter dieses Mentorenfirmenprogramms, Prof. Walger, noch in den Semesterferien einen Brandbrief von *dem* Personalvorstand der Deutschland AG, schlichtweg namens Sattelberger, und der arme Student eine fette Walger-Watsche vor versammelter Mannschaft in der ersten Sitzung nach den Semesterferien. Da das alles noch nicht genug ist hat Herr Sattelberger dann nochmal persönlich zum Hörer gegriffen und den Studierenden via Sekretariat des Präsidiums in einem lautstarken Telefonat rundgemacht. Beendet hat er dann das Telefonat mit erstaunlichen Worten: „Herr Burfeind, ich hoffe, dass ich mich jetzt klar ausgedrückt habe.“ – (Pause) – „Herr Weber bedankt sich für die Einladung zu den UW/H-Einführungswochen und wird selbstverständlich teilnehmen.“

Du hast mir ersten unternehmerischen Geist eingehaucht. – Der 1. Kongress für Familienunternehmen 1997 war unser Ziel (Jan Deecke, Mark Miller, Oliver von Sperber, Christian Keyser und ich). Der damalige Vizepräsident mit der fetten „Kohl“-S-Klasse hatte uns beauftragt, als Team vorgeschlagen hatten uns Oskar, der Dekan und der UW/H-Fundraising-Nachtjäger. Das Budget wollte ein Vertreter der Deutschland AG aus Gütersloh bereitstellen. So weit, so gut. Während wir vorsichtig ein Budget planten mit Einnahmen- und Ausgaben und Besucherwahrscheinlichkeiten, wurden wir immer wieder vom Vizepräsidenten ermahnt, es mal so richtig „krachen“ zu lassen. DEM 210K Budget war viel zu klein! „Jungs klotzen nicht kleckern, schreibt da mal schön eine 5 als erste Zahl hin, der W. zahlt doch die Zeche…“ Gesagt, getan. Aber DEM 500K waren irgendwie kaum zu schaffen (selbst wenn man die Referenten mit dem Bentley gefahren hätte und zehn Michael Käfer persönlich gekocht hätten). Am Ende sind wir bei den 210K geblieben und mit einem kleinen Gewinn rausgekommen. Der Vertreter der Deutschland AG, der Dekan und der UW/H-Nachtjäger waren zufrieden, wir konnten uns noch in die Augen schauen und – der Vizepräsident hatte wenig später von der Konzernrevision eines Unternehmens aus Gütersloh Besuch. Unbestätigten Gerüchten zufolge soll man ihn in der Nacht zuvor noch am Schredder des UW/H-Kellers gesichtet haben.

An dieser Stelle nochmals Mark, Oliver, Jan und Christian vielen Dank für die genialen Stunden: Die „Doppelt-hält-besser“-Postaktion vor dem Hauptpostamt Bochum, den Persilschein vom Hausmeister, den Einkaufswagen voller Champagner inmitten der Kölner Fußgängerzone und mit der Königsklasse königsblau am Morgen danach zurück zum Campus…

Rückblickend hast Du mich ausgebildet, damit ich meine Freiheit begreife und mich darauf freue, Verantwortung wahrzunehmen. Persönlich möchte ich an dieser Stelle bedanken bei Deinen Vertretern in der damaligen Zeit…

Konrad Schily: ohne diesen Mann wärst *Du* nicht möglich gewesen; *Prof. Priddat*: der akademische Macher, der sich wirklich für alles von und an Dir begeistern konnte, und damit andere begeistert hat; *Michael Bleks*: Dein ewiger Nachtjäger und ein Libero, der immer weite Wege für Dich gegangen ist und die richtigen Leute zu richtigem Zeitpunkt angespielt hat; *Prof. Walger*: Dein Hardliner, der uns mit dem ewigen W-Fragen und Skepsis verrückt gemacht hat; *Prof. Bockemühl*: Dein Diplomat, der die Unwissenden mit Begeisterung auf die bockemühlsche funkensprühende Kunstreise mitgenommen und in ihnen das UW/H-Feuer entfacht hat; *Martin und Petra*: unterschiedlicher konnten die beiden für Dich Fundraising nicht betreiben – der eine als Philosoph und die andere mit dem „Sharky Charme“.

„Glück gehabt…!?"

Gudula Merchert-Werhahn[*]

Juli 2010, Sonntagabend nach Schuljahresende. In den letzten zwei Wochen habe ich neben meinem Job neun Sommerfeste und Vorführungen meiner drei Kinder absolviert und habe mir eine lange Pause verdient… Ich stolpere über ein Email in meiner Inbox von Professor Priddat, bei dem ich vor einer scheinbaren Ewigkeit meine Diplomarbeit geschrieben habe. Er bittet mich um einen Beitrag zu einer Festschrift der Universität. Mein initialer Reflex ist, das Email löschen zu wollen – und es „bedauerlicher Weise leider nie erhalten zu haben". Nach ein paar Schrecksekunden ist mir jedoch klar, dass das nicht geht – dafür verdanke ich meiner Zeit an der UW/H zu viel. Ja, was genau denn eigentlich?

Beginnen wir mit einer kritischen Rekonstruktion. Ein junges Mädchen einer niedersächsischen Kleinstadt, welches trotz Abiturnote von 1,1 bei sich selbst keine besonderen Talente zu erkennen glaubt, folgt erst einmal dem Rat der Eltern, eine Banklehre zu machen: da hat man eine „Basis fürs Leben". Die Lehre war langweilig, spannender war es, selbstständig zu werden und alleine zu leben. Und dann? Die ambitionierten Mitazubis wollen in die Schweiz, nach St. Gallen oder Fribourg. Mir war ein Artikel in der *Zeit* in die Hände gefallen, der von einer neuen Privatuni im Ruhrgebiet berichtet hatte. Klang ganz gut: nicht so groß, „privat", also irgendwie etwas Besonderes – und außerdem war dann auch die langweilige Lehre wenigstens zu etwas gut, denn Zulassungsvoraussetzung an dieser Uni war für den Bereich Wirtschaftswissenschaft Berufserfahrung in Form einer Ausbildung oder äquivalent.

Meine Kriterien waren also recht einfach. Prompt wurde ich im Auswahlseminar genommen, was mir den anstrengenden Test für St. Gallen ersparte: „Glück gehabt…!?"

Wie sehr ich Glück gehabt hatte, merke ich erst sehr viel später. Was macht die UW/H aus? Zuallererst einmal die Kommilitonen. Alles engagierte, offene, vielseitig interessierte Menschen. Die intensive gemeinsame Zeit inner- und außerhalb der Uni hat uns zusammengeschweißt, die engeren

[*] Gundula Merchert-Werhahn ist heute Human Resources Integration Manager bei GE Capital Deutschland.

Freundschaften halten immer noch, wie auch der weitere Semesterzusammenhalt. Beim letzten Semestertreffen in Weimar waren 20 Jahre nach Studienbeginn bis auf zwei alle da. Als nächstes die Dozenten, die im weit mehr als üblichen Rahmen an uns und unserer Entwicklung interessiert waren, daran teilnahmen und uns unterstützten.

Die Unternehmung UW/H lässt viel Platz für Initiativen, Projekte und Vorstöße. So suchte sich unser Semester, als Bedarf aufkam, in eigener Regie einen neuen Statistikdozenten, der noch Jahre danach an der Uni tätig war. Neben dem Mut zum Selbermachen habe ich dort vor allem auch das Selberdenken gelernt. Das war zwar manchmal etwas schmerzlich (so manche Vollversammlung der Wirtschaftsfakultät artete in zähe Grundsatzdiskussionen aus), aber die menschliche Psyche geht gnädig mit der Vergangenheit um und die positiven Erinnerungen überwiegen.

Das Interesse vieler Mentorenfirmen an den Studenten der UW/H während und nach unserem Studium hat vielen von uns die Berufswahl und den Berufseinstieg erleichtert. Ich bin jetzt ‚auf der anderen Seite' und habe selbst gelegentlich Kontakt mit jetzigen Studenten im Rahmen eines Praktikums. Auch wenn sich die Uni im Laufe der Zeit verändert hat, die Studenten sind nach wie vor ihr größtes Kapital. Auch heutige Studentengenerationen gestalten ihr Studium aktiv mit, entdecken und erweitern die eigenen Grenzen und denken nicht nur Vorgedachtes brav nach. Die UW/H schafft hierfür die Voraussetzung und die Rahmenbedingungen.

Das alles war mir bei meiner Entscheidung für die UW/H nicht klar – mein Studium wurde zu einer lebensverändernden Erfahrung, die ich noch vielen anderen Studenten wünsche.

Die Entdeckung der Dreistigkeit

Victoria von Groddeck[*]

Im Juni besuchte ich eine wissenschaftliche Konferenz in Lille, Frankreich. Diese Konferenz widmete sich dem Thema „Vision" und versammelte Organisationsforscher, die sich jenseits ausgetretener Forschungspfade mit diesem

[*] Victoria von Groddeck ist heute wissenschaftliche Assistentin am Lehrstuhl für Soziologie bei Prof. Dr. Armin Nassehi an der Ludwig-Maximilians-Universität München.

Sachverhalt beschäftigen. Was hat nun diese Konferenz mit dem 25-jährigen Jubiläum der Fakultät für Wirtschaftswissenschaft der Universität Witten/Herdecke zu tun?

Für mich steht die Tatsache, dass ich auf dieser Konferenz meine Forschungsarbeit präsentierte, im starken Zusammenhang mit meinem Studium an der Universität Witten/Herdecke: Die Konferenz interessiert sich für neue, innovative und vor allem abwegige Herangehensweisen zur Deutung sozialer Phänomene des Organisierens. Für mich macht dieses Interesse auch die Stärke des Wirtschaftsstudiums in Witten aus – sowohl in Hinsicht auf die Ausbildung zukünftiger Manager, Berater und Unternehmer, als auch als Startpunkt für eine wissenschaftliche Karriere. Witten/Herdecke förderte zwar weniger die Vermittlung bestimmter Standards, Routinen und *best practices*, jedoch vielmehr eines: Interesse und die Neugier für eigene Fragen, für die Erklärung abwegiger Phänomene bzw. für das Erklären von Phänomenen anhand abwegiger Herangehensweisen. In vielen Veranstaltungen ging es nicht um das Vermitteln richtiger Inhalte, sondern um die Bestärkung, eigene Fragen von Anfang an ernst zu nehmen und diese zu eigenen Projekten zu machen. Diese Herangehensweise ist genau jenes, was ich als Kern und Startpunkt meiner jetzigen Tätigkeit als Wissenschaftlerin begreife.

Natürlich braucht es auch spezifisches Feldwissen, in meinem Fall für die Wissenschaft: Methodenkenntnis, Netzwerke, das Wissen, wie Anträge formuliert werden müssen, Lehrerfahrung usw. Dies alles lernt man in Witten nicht. Doch dies sind alles Fähigkeiten, die man sich aneignet, wenn man weiß, was einen interessiert – und genau dazu ermuntert das Studium in Witten.

Doch nun zurück zur Konferenz in Lille: Nach meinem Vortrag trank ich einen Kaffee und schwänzte die nächste Vortragsession und auf einmal stand eine ehemalige Wittener Kommilitonin vor mir, die auch ihre Forschung vorstellte. Nach einem weiteren gemeinsamen Kaffee sinnierten wir darüber, wie es uns in unserem beruflichen Leben „nach Witten" ergangen ist und welche Rolle unser Studium dafür spielte. Sie stellte fest, dass sie die Kernkompetenz des Wittener Studiums darin sieht, „Dreistigkeit" zu lernen: sich Themen, Projekte und Karrieren zuzutrauen, auch wenn man eigentlich gar nicht so genau weiß, wie alles werden wird; einfach dreist genug zu sein, für die eigene Neugier immer wieder ins kalte Wasser zu springen.

Auf der Rückfahrt nach München dachte ich dann: diese ehemalige Kommilitonin hat Recht. Das was Witten wirklich gut vermittelt und das Studium so unvergleichlich macht, ist das Wecken der Neugier für eigene Fragestellungen und die Ermutigung dazu, dass alles möglich ist, wenn man nur dreist genug ist, seine Projekte zu verfolgen.

„Grau, teurer Freund, ist alle Theorie...

Katharina Kreuzhage[*]

...und grün des Lebens goldner Baum."[1] Die vier Jahre in Witten waren mein Ausflug in die Theorie. Grau waren sie nicht. Und eigentlich auch nicht sehr theoretisch. Ich habe mich häufig an das Theater erinnert gefühlt, an die Branche, die ich mit Hilfe des Studiums eigentlich verlassen wollte. Denn worum ging es in Witten, abseits der wissenschaftlichen Inhalte? Es ging um Macht, um Intrigen, um Konkurrenz. Wie am Theater auch. Und weil ich die Uni klein und überschaubar ist, waren die Rangeleien auch nicht zu übersehen.

Wer Lust hatte (und ich hatte Lust), der konnte sich in Witten mit Machtspielen auch auf der theoretischen Ebene beschäftigen. „Subversives Management", „Gruppendynamisches Trainingscamp", „Theorie der Macht", das waren so die einschlägigen Seminare, alle sehr spannend. So spannend, dass ich über eines dieser Seminare ein Theaterstück geschrieben habe. „Das Schweigen im Walde" heißt es, und wer in Witten studiert hat, wird sich in diesem Text wiederfinden. Aber kein Angst, Namen werde nicht genannt.

Ich dachte, ich würde mich durch das Studium in Witten vom Theater entfernen. Tatsächlich bin ich dem Theater treu geblieben, vielleicht gerade wegen der UW/H. Und vielleicht, weil ich auf die Machtspiel im Theater jetzt besser vorbereitet bin.

[*] Katharina Kreuzhage ist heute Intendantin des Theater Aalen

[1] Johann Wolfgang Goethe: Faust. Der Tragödie Erster Teil, Vers 2038 f.

In Memoriam: Word Clouds

Hergen Wöbken[2]

Im Gedenken an wunderbare, erfolgreiche, turbulente und wundersame Jahre wünsche ich der Wittener Wirtschaftsfakultät frischen Wind für die nächsten 25 Jahre!

In Memoriam I: Word Cloud „Wirtschaft und Universität", Alfred Herrhausen, 1983

In Memoriam II: Word Cloud, gesammelte Strategiepapieren der Wirtschaftsfakultät, 15-25 Jahre später

[2] Hergen Wöbken ist Gründer und Geschäftsführer des Institut für Strategieentwicklung (IFSE).

8. Institute der Fakultät

Wittener Institut für Familienunternehmen (WIFU)

Die Gründung des Instituts für Familienunternehmen an der Universität Witten/Herdecke 1998 war ein geradezu visionärer Akt. Erstmals im deutschsprachigen Raum wurde für diesen Unternehmenstyp eine ernst zu nehmende, akademische Heimat geschaffen. Bis dahin hatte das Thema Familienunternehmen für die etablierten Wirtschaftswissenschaften in Deutschland – ganz im Unterschied zum angloamerikanischen Raum – über viele Jahrzehnte hinweg so gut wie keine Relevanz. Dieser blinde Fleck des Wissenschaftssystems hat zweifelsohne etwas mit der besonderen Eigenart von Familienunternehmen zu tun. Sie passen einfach nicht in die Paradigmen und rationalitätsorientierten Grundannahmen der einschlägigen Wissenschaftsdisziplinen.

Es ist deshalb kein Zufall, dass es gerade die Private Universität Witten/Herdecke war, die den zum damaligen Zeitpunkt mehr als mutigen Schritt gegangen ist, einen eigenen Schwerpunkt für Familienunternehmen in Forschung und Lehre aufzubauen. Mit diesem weitblickenden Schritt ging es zunächst darum, das Thema in der wirtschaftspolitischen Öffentlichkeit erst einmal überhaupt angemessen zu positionieren. Ganz im Gegensatz zu ihrer überragenden volkswirtschaftlichen Bedeutung führten Familien- bzw. eignergeführte Unternehmen bis dahin in der öffentlichen Aufmerksamkeit ein ausgesprochenes Schattendasein, vielfach abgetan mit bekannten Klischees und oft wiederholten Vorurteilen. Dieser Neupositionierung diente zunächst auch der jährliche Familienunternehmerkongress, der das erste Mal im Jahr 1997 stattfand. Seitdem hat er sich zu einer etablierten, festen Größe im jährlichen Veranstaltungskalender des Instituts entwickelt und ist für Familienunternehmer in Deutschland ein nicht mehr wegzudenkender Termin geworden. Studien mit hoher Aktualität, die in die öffentliche Diskussion Eingang fanden, sowie eine intensive Medienarbeit, die die Sensibilität für diesen Themenbereich Schritt für Schritt steigerte, waren weitere Meilensteine aus dieser Zeit – und sind es bis heute. Diese öffentliche Positionierungsarbeit ist für sich genommen natürlich keine erstrangige wissenschaftliche Aufgabe. Sie hat aber besonders in der ersten Phase dazu gedient, dem Thema Familienunternehmen eine sehr differenzierte Form von Aufmerksamkeit zu verschaffen und gleichzeitig das Institut als kompetenten Partner der Medien, ausgestattet mit wissenschaftlicher Reputation, zu etablieren.

Die Finanzierung dieser Startphase hatte dankenswerterweise die Deutsche Bank übernommen, sodass das Institut in den ersten Jahren seines Bestehens unter dem Namen *Deutsche Bank Institut für Familienunternehmen* (DIFU) firmierte. Es galt in dieser Zeit zunächst, eine tragfähige Kooperationsbasis zu entwickeln, die von wechselseitiger Erwartungssicherheit getragen war. Das war am Beginn keineswegs eine Selbstverständlichkeit, denn es stießen durchaus unterschiedliche Welten aufeinander: auf der einen Seite eine große, am Kapitalmarkt orientierte Bank, auf der anderen Seite eine neue universitäre Einrichtung, die eben nicht wie eine ausgelagerte Abteilung der Bank zu steuern war, weil sie sich in ihrer Ausrichtung der Logik von wissenschaftlicher Forschung und Lehre verpflichtet fühlte. Zutrauen in die wechselseitige Leistungsfähigkeit sowie tragfähige Routinen der Begegnung und Konfliktbearbeitung mussten etabliert werden. In diesem Prozess erwies sich der ebenfalls neu eingesetzte Institutsrat – gebildet aus einem Kreis namhafter Familienunternehmen – als äußerst hilfreich. Dieser Kreis begleitete die Aufbauarbeit des Institutes mit kritischer Sympathie und half dadurch tatkräftig mit, das Profil des Instituts durch Findung von Schwerpunktthemen treffsicher zu schärfen. Auf diese Weise ist es gelungen, die unvermeidliche Spannung zwischen den Erwartungen der Praxis und den wissenschaftlichen Anforderungen an Theoriebildung konstruktiv zu nutzen. So sind Projekte angestoßen worden, die in beiden Welten Relevanz gewonnen haben.

Die Gründungskonzeption sah von Anfang an einen interdisziplinären Ansatz für das Institut vor, da nur ein solches paradigmatisches Selbstverständnis der komplexen Eigenart und dem Unternehmenstyp Familienunternehmen gerecht werden kann. Ein umfassendes Verständnis für die komplexe Koevolution von Unternehmerfamilie, Gesellschafterkreis und Unternehmen ist unerlässlich. Dafür greift ein rein betriebswirtschaftlicher Blick zu kurz. Deshalb galt es, im universitären Alltag sozialwissenschaftliche, psychologische, juristische und betriebswirtschaftliche Perspektiven sowohl in Forschung als auch Lehre miteinander zu verbinden. Dahinter steckt ein sehr hoher Anspruch: Üblicherweise denkt und forscht jede Disziplin in ihren gewohnten Bahnen und versucht, ‚Störungen' aus dem Umfeld zu vermeiden. In der akademischen Welt war das Institut schon aus diesem Grunde zunächst einmal ein Fremdkörper. Es galt daher, dafür Sorge zu tragen, dass die ‚Immunkraft' des traditionellen, disziplinorientierten Denkens diesen ‚Fremdkörper' nicht wieder abstößt, und sicherzustellen, dass das Institut seine Besonderheiten in Forschung und Lehre wirkungsvoll entfalten kann. Im Laufe der Zeit entwickelte sich ein transdisziplinärer Ansatz, mit dem das Institut seine einmalige Stellung in der nationalen und internationalen Forschungslandschaft etablieren und bis heute festigen konnte.

Diesen nicht immer ganz einfachen fakultätsinternen Integrationsprozess haben die Studierenden von Anfang an mit hohem Engagement unterstützt. In der alltäglichen Zusammenarbeit mit ihnen wurde sehr rasch deutlich, wie gut das Thema Familienunternehmen und das gewählte praxisnahe Forschungskonzept in die tradierte Philosophie der Universität passt, ging und geht es doch darum, das ‚Unternehmerische' in allen Aktivitäten voll zur Geltung zu bringen. Dieser Grundauftrag der Universität ist ein zentraler Grund dafür, warum das Thema Familienunternehmen an diesem Ort so gut Fuß fassen konnte. In diesem Sinne haben die Studierenden und ihr großes Engagement einen wesentlichen Anteil am Gelingen dieser Aufbauphase, am gemeinsamen Spaß und dem unternehmerischen Pioniergeist, den diese ersten Jahre ausgezeichnet haben.

Im Jahr 2005 beendete die Deutsche Bank planmäßig ihr Engagement für das Institut. Es galt, neue Finanzierungs- und Förderungsmöglichkeiten zu entwickeln. Diese Phase bot die einmalige Möglichkeit, das Institut zu einer Einrichtung von Familienunternehmern für Familienunternehmer weiterzuentwickeln. Auch hier war das Engagement einer Vielzahl von Studierenden entscheidend für die Fortführung des nunmehr in *Wittener Institut für Familienunternehmen* (WIFU) umbenannten Instituts. Familienunternehmen, die schon in den Jahren zuvor eng mit dem Institut verbunden waren, übernahmen weitere Verantwortung. Seitdem wird das Institut im Schnitt von ca. 40 Familienunternehmen getragen. Jedes Trägerunternehmen verpflichtet sich, das WIFU jeweils über fünf Jahre mit einem bestimmten Betrag zu unterstützen. Das Unternehmen wird damit Mitglied im „Club der Institutsträger" mit bevorzugtem Zugang zu einem Netzwerk, das in dieser Form einmalig ist. Dabei bietet der geschützte Rahmen des Clubs der Institutsträger einen besonderen, vertrauensvollen Gesprächsraum gerade auch über brisante Themen, über die an anderen Orten nicht immer offen gesprochen werden kann. Die Institutsträger treffen sich darüber hinaus zweimal jährlich mit den Wissenschaftlern des Instituts. Sie erhalten so aus erster Hand Zugang zu aktuellen Arbeiten und Publikationen, können an Lehrveranstaltungen teilnehmen oder sich selbst in die Lehre einbringen. Im gemeinsamen intensiven Dialog werden Forschungsideen entwickelt und Kooperationsprojekte erarbeitet. Diese enge Verbindung zwischen Praxis und Forschung ist essentieller Bestandteil der Arbeit des WIFU. Nicht zuletzt haben die Institutsträger bevorzugten Zugang zum Familienunternehmerkongress und gestalten das *Forum Familienunternehmen* durch Themenvorschläge aktiv mit. Beide Veranstaltungen leben vom besonderen Rahmen, der von Vertrauen und einer geschützten Atmosphäre ohne die Anwesenheit von Presse und Beratern gekennzeichnet ist.

Einen weiteren Meilenstein in der Entwicklung des WIFU stellt die Gründung der WIFU-Stiftung da. Seit 2009 wird das WIFU von dieser Stiftung getragen, die mit der Universität Witten/Herdecke über einen Kooperationsvertrag verbunden ist. Mit der WIFU-Stiftung hat der „Club der Institutsträger" eine besondere institutionelle Struktur zur Förderung von Forschung und Lehre zum Familienunternehmertum durch das WIFU aufgebaut. Die Bandbreite der hier engagierten Institutsträger reicht von Familienunternehmen kleiner und mittlerer Größe bis hin zu börsennotierten Großunternehmen. Es sind Unternehmen quer durch alle Branchen, die vom Gründer geführt werden, aber auch Familiengesellschaftern der 16. Generation. Das WIFU ist als Institut fest in die Wirtschaftsfakultät integriert und wird durch einen akademischen und einen geschäftsführenden Direktor geleitet. Als Geschäftsführer des Institutes vertritt Dr. Tom Rüsen seit 2008 die Belange des Instituts gegenüber der Fakultät und gewährleistet die Selbstständigkeit der Forschungsvorhaben, der Verwaltung und Verwendung der zweckgebundenen Fördermittel. Gleichzeitig stellt er als Vorstand der WIFU-Stiftung auch die Verbindung zu den Freunden und Förderern des WIFU her. Als akademischer Direktor vertritt Prof. Dr. Arist von Schlippe das WIFU ebenfalls seit 2008 in allen akademischen Belangen und stellt die Entwicklung und Durchführung einer gemeinsam getragenen Forschungsstrategie sicher.

Auch der erfolgreiche Aufbau dieser Strukturen wäre nicht möglich gewesen ohne die Studierenden, die unterstützenden Familienunternehmen sowie die Professoren und MitarbeiterInnen des Instituts selbst. Von Anfang an waren drei Lehrstühle am WIFU etabliert. Dabei wurde der Lehrstuhl für Betriebswirtschaftslehre bis 2004 von Prof. Dr. Bernd Wirtz wahrgenommen, dem von 2005-2008 Prof. Dr. Thomas Armbrüster nachfolgte. Prof. Dr. Andreas Dutzi hatte den Lehrstuhl von 2009-2010 inne. Der Rechtslehrstuhl wurde acht Jahre lang, bis 2007, von Prof. Dr. Knut Werner Lange und im Jahr 2008 von Prof. Dr. Klaus Tiedtke gehalten. Seit 2008 vertritt ihn Prof. Dr. Dr. h.c. Brun-Hagen Hennerkes, dem im Jahre 2009 von der Wirtschaftsfakultät der Universität Witten/Herdecke aufgrund seiner Verdienste um die deutschen Familienunternehmen die Ehrendoktorwürde verliehen wurde. Den heutigen Lehrstuhl für Führung und Dynamik von Familienunternehmen hat Prof. Dr. Arist von Schlippe seit 2005 inne. Er ist damit Nachfolger von Prof. Dr. Fritz B. Simon und Prof. Dr. Rudi Wimmer. Beide waren bei Gründung des damaligen DIFU als Gründungsprofessoren berufen worden und sind seit 2005 als außerplanmäßige Professoren dem WIFU nach wie vor eng verbunden. Auch auf Mitarbeiterseite sind erfreuliche Entwicklungen zu verzeichnen. Deren Zahl hat sich seit Institutsgründung vervielfacht. Sie sind eingebunden in die interdisziplinären Forschungsprojekte des Instituts und verfolgen darüber hinaus sämtlich eigene Dissertations- oder Habilitationsprojekte. Der fachübergreifende Ansatz des Instituts findet auch hier seinen Niederschlag.

Seit 2008 hat das WIFU eine Reihe neuer Formate eingeführt sowie unterschiedliche Angebote für Studierende entwickelt. Das bereits erwähnte *Forum Familienunternehmen* stellt dabei eine besondere Austauschplattform für Unternehmerfamilien dar. An jeweils einem Nachmittag und Abend steht eine sensible Fragestellung im Mittelpunkt, mit der die Unternehmerfamilie oder das Familienunternehmen konfrontiert ist. Diese Veranstaltungsreihe steht daher unter dem Credo: „Wir packen heiße Eisen an“. Im Rahmen eines geschützten Dialoges zwischen Forschung und Praxis werden herausfordernde Themen behandelt, die sowohl juristische, betriebswirtschaftliche als auch psychologische Herausforderungen beinhalten. Auf Grundlage der wissenschaftlichen Expertise des WIFU wird dabei zunächst grundsätzlich in den jeweilige Fragestellung eingeführt. Die Teilnehmer bringen anschließend im Veranstaltungsverlauf eigene Fragen und Erfahrungen ein und erarbeiten schließlich gemeinsam Lösungsansätze für die anstehenden Herausforderungen. Dem Konzept der Familienunternehmerkongresse folgend richtet sich das Forum ausschließlich an Unternehmer, Familienmitglieder und Top-Führungskräfte von Familienunternehmen.

Eine ganz andere Möglichkeit des Austausches bietet der sogenannte *Heiratsmarkt* der Universität Witten/Herdecke, der mit den Begriffen Firmenkontaktbörse, Recruting-Event oder Jobmesse nur unzureichend beschrieben ist. Seit 2008 werden unter der Federführung des WIFU zwei Mal pro Jahr eigene Heiratsmärkte für Familienunternehmen veranstaltet. In diesem Rahmen kommen Studierende, die an einer Tätigkeit in Familienunternehmen interessiert sind, sowie Vertreter dieser Unternehmensgattung ins Gespräch über Praktika, Projekte und Berufseinstieg.

Dem Wunsch nach einer systematischen Spezialisierungsmöglichkeit auf das Thema Familienunternehmen im Rahmen des Wirtschaftsstudiums trägt die Universität Witten/Herdecke seit langem mit dem Schwerpunktzertifikat Familienunternehmen und dem Vertiefungsfach (Minor) *Family Business* Rechnung. Darüber hinaus bietet die Wirtschaftsfakultät unter der Federführung des WIFU zum Wintersemester 2010/2011 den deutschlandweit ersten Master of Science im Bereich Familienunternehmertum an. Der Studiengang *Master in Family Business Management (M. Sc.)* richtet sich an Personen, die sich mit den Dynamiken, Wechselwirkungen und Herausforderungen von

Familie und Unternehmen in Familienunternehmen auseinandersetzen möchten. Der Studiengang zeichnet sich durch einen interdisziplinären Ansatz aus, dem die Vernetzung und Integration verschiedener wissenschaftlicher Disziplinen zugrunde liegt. Das Masterstudium richtet sich an angehende Fach- und Führungskräfte in Familienunternehmen, Nachfolger mit Ambitionen für Top-Managementpositionen in Familienunternehmen, potenzielle Gesellschafter aus Unternehmerfamilien sowie an Personen, die eine Beratung von Familienunternehmen anstreben. Der Studiengang beginnt im Oktober 2010, erste Studenten sind bereits eingeschrieben.

Alle Tätigkeitsbereiche des WIFU – Forschung, Lehre sowie der Austausch mit Familienunternehmen – finden seit jeher differenzierten Niederschlag in einer Vielzahl von Publikationen sowie Fernseh- und Radiobeiträgen. Um die Vielzahl der Publikationen zu bündeln und dem Ziel der Entwicklung einer übergreifenden Theorie des Familienunternehmertums zu folgen, gibt das WIFU seit 2009 eine eigene Schriftenreihe zu Familienunternehmen heraus. In der beim Josef Eul-Verlag, Lohmar, erscheinenden Reihe *Schriften zu Familienunternehmen* werden herausragende Forschungsarbeiten veröffentlicht, die sich wissenschaftlich mit den Besonderheiten dieser Unternehmensform auseinandersetzen, dabei jedoch sprachlich als auch stilistisch so formuliert sind, dass sie einem breiten Kreis von interessierten Lesern, Forschern wie Laien, zugänglich sind. Ergänzt wird diese Schriftenreihe seit dem Frühjahr 2010 durch die Herausgabe der *Working Paper Series*. Mit dieser dokumentiert das WIFU zeitnah vorläufige Ergebnisse und damit *work in progress* aus allen seinen Forschungsgebieten. Mit diesen vielfältigen Aktivitäten sichert das WIFU durch den kontinuierlichen Kontakt mit seinen unterschiedlichen Stakeholder-Gruppen zum einen seine wissenschaftliche Exzellenz aber gleichzeitig auch die praktische Relevanz seiner Arbeit ab. Forschung im Elfenbeinturm ist am WIFU schlichtweg unmöglich, das Institut ohne engsten Kontakt zu Familienunternehmen nicht denkbar. Neben seinen unterschiedlichen Aktivitäten macht nicht zuletzt auch diese Tatsache das WIFU zu einem Solitär in der deutschen und internationalen Forschungslandschaft zum Thema Familienunternehmen.

Zentrum für Nachhaltige Unternehmensführung (ZNU)

Das Thema Nachhaltigkeit ist in aller Munde. Nicht zuletzt die Wirtschaftskrise hat deutlich gemacht, dass heutzutage nicht die kurzfristige Gewinnmaximierung das Ziel unternehmerischen Handelns sein kann, vielmehr ist die Erzielung einer mittel- und langfristigen Rendite für Unternehmen unter

Berücksichtigung von Nachhaltigkeitsaspekten anzustreben. Neben dem häufig zu kurzen Planungshorizont ist oft fehlende Kompetenz der Entscheider als Hindernis der Umsetzung zu beobachten.

Ein Schwerpunktthema der Wirtschaftsfakultät der letzten zehn Jahre war und ist es, die unternehmerischen Erfolgspotenziale durch die systematische Einbeziehung sozialer und ökologischer Aspekte zu analysieren und für die Praxis zu transformieren.

Seit fünf Jahren wird die Umsetzung nachhaltigen Wirtschaftens in Unternehmen der Ernährungsbranche erforscht und in Lehre und Weiterbildung vermittelt. Seit Anfang 2009 hat sich das *Zentrum für Nachhaltige Unternehmensführung* (ZNU) unter der Leitung von Dr. Axel Kölle und Dr. Christian Geßner etabliert, welches explizit für die Ernährungsbranche die positive Korrelation zwischen Nachhaltigkeit und Unternehmensentwicklung in den Mittelpunkt ihrer Arbeiten stellt.

Doch wie ist der Sachstand in der Ernährungswirtschaft? Wie kann Nachhaltigkeit in Unternehmen erfolgreich umgesetzt werden? Welche Chancen und Risiken sind hier mit einer stärkeren Nachhaltigkeitsorientierung verbunden?

Diese Fragen zu beantworten und damit eine fundierte, wissenschaftliche Basis für den erfolgreichen Nachhaltigkeitsdialog zwischen Handel und Herstellern zu schaffen, ist das zentrale Anliegen des ZNU. Hierzu zielt das

ZNU auf die systematische Kompetenzentwicklung bestehender und zukünftiger Führungskräfte rund um die Branche.

Der Lehr- und Forschungsschwerpunkt des ZNU liegt auf der Nachhaltigen Unternehmensführung. Um Nachhaltigkeit erfolgreich umsetzen zu können, bietet das ZNU neben Lehre und Forschung auch Konferenzen und innovative, zertifizierte Weiterbildung für Führungskräfte wie z.B. den Nachhaltigkeitsmanager^{Food} an.

ZNU-Partnernetzwerk Stand 10.08.2010

Das dynamisch wachsende ZNU-Partnernetzwerk verbindet Handelspartner, Dienstleister und insbesondere (mittelständische) Hersteller, wobei das ZNU als neutrale Plattform zur Anbahnung, Unterstützung, Moderation, Bewertung und Vermarktung von kooperativen Nachhaltigkeitsprojekten dient und hierbei einen ‚geschützten Raum' für deren experimentelle Entwicklung bietet. Ziel ist es, fundierte Nachhaltigkeitspositionen für die Unternehmen zu entwickeln, die im marktlichen und nicht-marktlichen Umfeld offensiv zur Verbesserung von Wertschöpfung und Reputation eingesetzt werden können. Kernprodukt an der Schnittstelle Wissenschaft/Praxis ist ein praxisnahes Nachhaltigkeits-Bewertungssystem, der ZNU-NachhaltigkeitsCheck.

Neben praxisorientierten Studien und regelmäßigen Lehrveranstaltungen betreut das ZNU zahlreiche wissenschaftliche Arbeiten rund um die Thematik Nachhaltigkeit: Maren Weber erhielt Ende 2009 für ihre Diplomarbeit zum Thema „Assessing the Sustainability of Products" in Berlin den Fortschrittspreis der SPD. Zuvor hatte bereits Mirjam Rübbelke für ihre Bachelorarbeit den VDI-Förderpreis für die beste Forschungsarbeit im Rahmen des Kooperationspreises der Länder NRW und Niedersachsen sowie den oikos Germany BA-Award 2009 für die beste Bachelorarbeit in Sachen Nachhaltigkeit gewonnen.

Praxis im Rahmen der ZNU-Lehrveranstaltungen ist es, Führungskräfte aus den Partnerunternehmen mit den Studenten als zukünftige Führungskräfte zusammenzubringen, hiervon profitieren beide Seiten maßgeblich.

Von Seiten der Partner lässt sich exemplarisch Folgendes zum ZNU-Engagement hören: „Nachhaltigkeit hat für das Familienunternehmen Brandt eine hohe Relevanz, deshalb engagieren wir uns am Zentrum für Nachhaltige Unternehmensführung der Universität Witten/Herdecke. Die Uni bietet die ideale Plattform für einen engen Austausch zwischen Wissenschaft, Handel und Industrie. Denn in einer wahrhaft schnelllebigen Zeit sind wir alle einem ständigem Wandel unterworfen und müssen daher versuchen, viele anstehende Herausforderungen mit Rücksicht auf ökonomische und ökologische Einschränkungen gemeinsam zu meistern", meint Carl-Jürgen Brandt. Und Hans-Günter Trockels ergänzt: „Kuchenmeister unterstützt das Engagement des ZNU, weil wir uns bereits seit vielen Jahren mit den unterschiedlichsten Aspekten für Nachhaltiges Wirtschaften beschäftigen. Es ist unbedingt erforderlich, dass wir bei einer Entscheidung immer die ökologischen, sozialen und wirtschaftlichen Gesichtspunkte mit einbeziehen. Wir alle können und dürfen uns dieser Verantwortung nicht verschließen. Die wissenschaftliche Bewertung durch das ZNU liefert der Industrie und dem Handel gleichermaßen wertvolle Impulse, aus diesem Grunde habe ich auch gerne einen Sitz im Beirat des ZNU übernommen."

Reinhard-Mohn-Institut für Unternehmensführung und Corporate Governance (RMI)

1. Blick über den Tellerrand

„Wir müssen mehr Köpfe zum Denken bringen", war einer der Leitsätze des Unternehmers und Stifters Reinhard Mohn. Dieser Leitsatz bildet das Fundament des nach ihm benannten Reinhard-Mohn-Instituts für Unternehmensführung und Corporate Governance (RMI). Anspruch des in 2010 gegründeten Instituts ist es, die sozial-, wirtschafts- und bildungspolitischen Visionen Reinhard Mohns fortzuschreiben und auf dem neuesten Stand der Wissenschaft weiterzuentwickeln. Auf diese Weise ist eine Plattform entstanden, die Wissenschaftler, Führungspraxis und Studierende zum (Weiter-)Denken anregt – eines der ureigenen Ziele der Universität Witten/Herdecke, das letztere auch schon früh mit Reinhard Mohn, als einem ihrer größten und langjährigen Förderer, verband.

Die Forschungsschwerpunkte des Reinhard-Mohn-Instituts basieren auf dem thematischen Dreiklang Unternehmensführung, Corporate Governance und Controlling sowie auf den dazu quer liegenden Gebieten Gesellschaftlicher Wandel, Unternehmenskultur und Führungsfähigkeit, die alle drei Themen inhaltlich miteinander verbinden (siehe Abbildung).

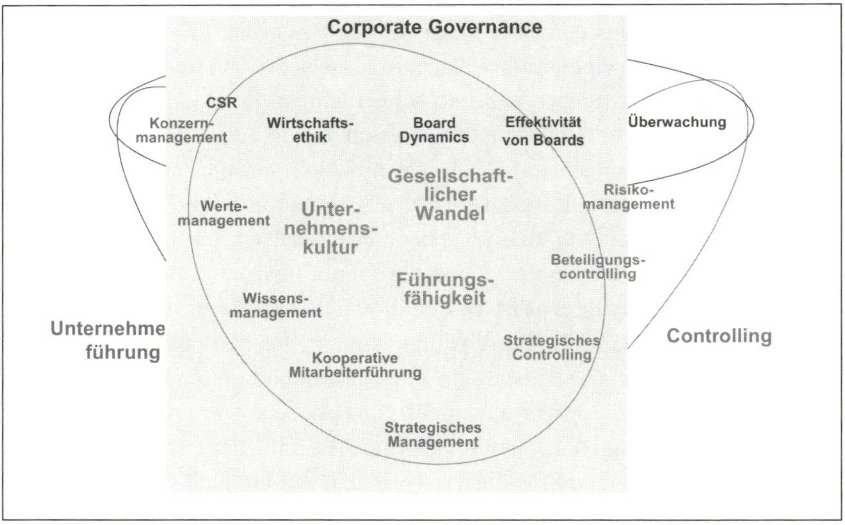

Ziel ist es, diese Themen wissenschaftlich fundiert zu untersuchen, von den Erkenntnissen entsprechende Gestaltungsempfehlungen abzuleiten sowie innovative Formen der Lehre und des Lernens zu entwickeln. Die Studierenden werden auf die facettenreichen Herausforderungen guter Unternehmensführung vorbereitet. Sie lernen in größeren Zusammenhängen kritisch zu denken sowie unternehmerische und gesellschaftliche Verantwortung zu übernehmen. Dabei ist es ein Ziel des Instituts, neue fortschrittliche Formen praxisnaher Lehre zu entwickeln und diesen Lernprozess wissenschaftlich zu begleiten.

Im Rahmen der Institutsarbeit kommt dem Dialog mit der Wirtschaft, Politik und international renommierten Wissenschaftlern ein besonderer Stellenwert zu. Das Institut bringt Experten aus aller Welt zusammen, um Themen der Unternehmensführung, Corporate Governance und des Controlling gezielt zu untersuchen. Einzigartig am Reinhard-Mohn-Institut ist dabei die Zusammenarbeit der verschiedenen Disziplinen. Ökonomen, Juristen, Soziologen, Wirtschaftsphilosophen und Vertreter anderer Fachrichtungen arbeiten gemeinsam an den jeweiligen Themen und gewährleisten so eine umfassende Betrachtung der Schnittstellenthemen wie beispielsweise Unternehmenskultur, Corporate Social Responsibility oder Entscheidungsprozesse in Aufsichtsräten (Board Dynamics) vor dem Hintergrund des gesellschaftlichen Wandels.

2. Komplementäre Expertise

Die Grundlage für den inter- bzw. transdisziplinären Zugang zur fundierten Auseinandersetzung mit den Themen der Unternehmensführung, Corporate Governance und des Controllings am Institut gewährleisten hochkarätige Wissenschaftler mit komplementärer Expertise in den Bereichen Unternehmensführung, Corporate Governance, Controlling, Wirtschaftsphilosophie und Wirtschaftsethik. Geleitet wird das RMI durch seine geschäftsführende Direktorin Prof. Dr. Michèle Morner. Ihre Aufgabe ist es, neben Wissenschaft und Forschung das Institut intern sowie extern in allen Belangen zu vertreten. Weiterhin obliegt es ihr, die bestehenden Kontakte zu Wissenschaft, Wirtschaft, Politik und Gesellschaft zu pflegen und weiter auszubauen. So wird mit tatkräftiger Unterstützung aller Institutsmitarbeiter und Studierender der Blick über den Tellerrand sichergestellt. Inhaltlich zugeordnet sind dem Institut drei Lehrstühle der Universität und drei Professuren.

Prof. Dr. Michèle Morner ist seit Oktober 2008 Inhaberin des Reinhard-Mohn-Stiftungslehrstuhls für Unternehmensführung, Wirtschaftsethik und gesellschaftlichen Wandel. Ihre Forschung konzentriert sich insbesondere auf das Management und die Organisation multidivisionaler Unternehmen, die Organisation von Wissen sowie Corporate Governance aus einer verhaltenswissenschaftlichen Perspektive heraus betrachtet. Ziel ist es, Probleme der Führungspraxis von Organisationen zu erkennen und basierend auf theoretischer Analyse fundierte Gestaltungsvorschläge für die Praxis abzuleiten.

Der Lehrstuhl für Corporate Governance und Board Dynamics wird seit November 2008 von Prof. Dr. Till Talaulicar wahrgenommen. Seine Forschung beschäftigt sich zum einen mit klassischen Problemen der Corporate Governance. Ein besonderer Schwerpunkt des Lehrstuhls wird zum anderen auf das in Deutschland noch junge Thema der Board Dynamics gelegt. Fragen der Unternehmensleitung und -überwachung werden aus unterschiedlichen theoretischen Perspektiven und mit Hilfe unterschiedlicher Methoden untersucht, wobei jeweils konkrete Anwendungsbezüge für die Praxis der Corporate Governance fokussiert werden.

Prof. Dr. Pascal Nevries ist seit Mai 2010 Inhaber des Dr. Werner Jackstädt-Stiftungslehrstuhls für Betriebswirtschaftslehre, insbesondere Controlling, der mit dem Reinhard-Mohn-Institut assoziiert ist. Im Mittelpunkt der Forschung und Lehre stehen die Betriebswirtschaftslehre und das Controlling. Dabei wird die Frage fokussiert, welche Controllingsysteme und -instrumente wie eingesetzt werden können, um Mitarbeiter dazu zu bringen, bestmöglich zur Unternehmensstrategie beizutragen. Die Forschung bewegt sich im Spannungsfeld zwischen deutschen und internationalen Controllingthemen und hat sich zum Ziel gesetzt, in Deutschland entwickelte starke theoretische Ansätze in die internationale Diskussion einzubringen und gleichzeitig das breite Feld der internationalen Forschung hierzulande einzuführen.

Prof. Dr. Dr. Manuel René Theisen ist ständiger Gastprofessor für Corporate Governance und Corporate Law an der Universität Witten/Herdecke und dem RMI. Als langjähriger Inhaber des Lehrstuhls für Allgemeine Betriebswirtschaftslehre, Betriebswirtschaftliche Steuerlehre und Steuerrecht an der Ludwig-Maximilians-Universität in München ist er einer der renommiertesten Wissenschaftler auf dem Gebiet der Corporate Governance und des Konzernmanagements.

Die Forschungs- und Lehrschwerpunkte Corporate Governance, Unternehmensethik, Institutionen- und Moralökonomik, Angewandte Ethik und Corporate Social Responsibility werden von Prof. Dr. Dr. Alexander Brink im Rahmen seiner ständigen Gastprofessur Corporate Governance und Philosophy beigesteuert und betreut. Er ist Professor für Wirtschafts- und Unternehmensethik an der Universität Bayreuth.

Abgerundet wird das wissenschaftliche Forschungs- und Lehrangebot des Reinhard-Mohn-Instituts durch den Beitrag von Prof. Dr. Ludger Heidbrink. Er ist außerplanmäßiger Professor für Corporate Responsibility und Citizenship an der Universität Witten/Herdecke. Des Weiteren hat er seit 2007 die Position des Direktors am Center for Responsibility Research (CRR) des Kulturwissenschaftlichen Instituts Essen (KWI) inne. Zu seinen Forschungsschwerpunkten zählen insbesondere Wirtschafts- und Unternehmensethik, das Verhältnis von Ökonomie, Moral und Kultur sowie die Funktion des Verantwortungsprinzips in Staat, Politik und Zivilgesellschaft.

3. Forschung auf hohem Niveau

Bedeutende Merkmale der Forschung am RMI sind Inter- und Transdisziplinarität ergänzt durch hohe Problem- und Anwendungsorientierung. Beide bilden die Basis für die wissenschaftliche Expertise des Reinhard-Mohn-Instituts für Unternehmensführung und Corporate Governance und spiegeln sich in dessen Forschungsprojekten wider.

So untersucht im Rahmen des Projekts „High Performance Boards – Qualität und Effizienz in Aufsichtsgremien" ein interdisziplinäres Team die Praxis der Aufsichtsratsarbeit in Deutschland auf Prozessebene und deren Auswirkung auf die Effizienz. Die Untersuchung findet – gemäß des Forschungskonzepts des Reinhard-Mohn-Instituts – unter Einbindung von externen Experten aus Wissenschaft und Praxis statt. Als wegweisende und innovative Fragestellungen stehen hierbei im Mittelpunkt: Was sind die ausschlaggebenden Faktoren, die Effizienz und hohe Qualität von Leitungs- und Aufsichtsgremien gewährleisten? Wie müssen Aufsichtsräte organisiert sein, um gute Arbeit leisten zu können? Wie sollten die Prozesse innerhalb und zwischen den Gremien konzipiert und gelebt werden, um effizientes Arbeiten zu ermöglichen? Wie können Besetzungsverfahren eine optimale Wahl der Mandatsträger ermöglichen? Dem Forschungsteam am RMI ist es gelungen, im Laufe des Jahres 2010 180 ein- bis zweistündige leitfadenbasierte Experteninterviews mit Aufsichtsratsmitgliedern von Unternehmen aus dem DAX und MDAX durchzuführen. Basierend auf dieser einzigartigen Datenbasis werden nun die Untersuchungsergebnisse abgeleitet.

Weiterhin beteiligt sich das RMI unter der Führung von Frau Prof. Dr. Michèle Morner an dem länderübergreifenden Forschungsprojekt „Behavioral Corporate Governance", in dem das gesellschaftlich hoch relevante Thema Corporate Governance aus einer verhaltenswissenschaftlichen Perspektive theoretisch und empirisch beleuchtet wird. Im Fokus steht dabei die Frage, wie eine Corporate Governance erreicht werden kann, die langfristig Mehrwert für Unternehmen und Gesellschaft schafft. Dazu werden das Verhalten der beteiligten Akteure und Einflussmöglichkeiten darauf untersucht. Beteiligt an diesem Projekt sind unter anderem renommierte Wissenschaftler aus Norwegen (BI Norwegian School of Management), Finnland (Hanken

School of Economics), Italien (Bocconi University) und England (University of Wolverhampton).

Hohe Praxisrelevanz sowie wissenschaftliche Exzellenz zeichnen ebenso das in Kooperation mit Frau Prof. Dr. Jetta Frost (Universität Hamburg) durchgeführte Projekt aus, in dem die effiziente und effektive Gestaltung von multidivisionalen Unternehmen analysiert wird. Es gilt aufzuzeigen, was „Mehrwert“ für multidivisionale Unternehmen bedeutet und welche maßgebliche Rolle Synergien dabei spielen. Dabei ermöglicht die Ressourcenperspektive eine differenzierte Darstellung verschiedener Mehrwertformen und eine Konkretisierung des bisher zum Teil inflationär verwendeten Synergiebegriffs. Darauf aufbauend werden Gestaltungsempfehlungen abgeleitet. Erst kürzlich erschien im Rahmen dieses Projektes das Buch *Konzernmanagement: Strategien für Mehrwert* im Gabler-Verlag.

Zusätzlich zu den dargestellten Projekten existieren noch zahlreiche weitere Forschungsaktivitäten. Langfristiges Ziel ist es basierend auf den Ergebnissen dieser Projekte wissenschaftlich fundierte Handlungsempfehlungen abgeleitet werden, die der Führungspraxis in Wirtschaft und Politik ermöglichen, fortschrittsfähig, zukunftsorientiert sowie verantwortungsvoll zu handeln.

Und …

Die Fakultät hat noch weitere Institute, die ihre Konzeptionen noch entwickeln:

- ein Institut für Gesundheitswirtschaft und Gesundheitssysteme, in Kooperation mit der medizinischen Fakultät (Prof. Sauerland, Prof. Bohnet-Joschko)
- ein Institut für Konsumkulturforschung (Prof. Giesler, Prof. Lüdicke)
- und in Planung ein Institut für Wirtschaft und Philosophie

9. Lehrstühle und Professoren der Fakultät

BWL-Lehrstühle

- Lehrstuhl für Führung und Dynamik (WIFU): Prof. Dr. von Schlippe
- Lehrstuhl für Betriebswirtschaftslehre und Unternehmensrechung in Familienunternehmen (WIFU): N.N. (bis August Prof. Dr. Dutzi)
- Lehrstuhl für Privat-, Gesellschafts- und Steuerrecht (WIFU): Prof. Dr. Dr. h.c. Hennerkes (Vertretung)
- Reinhard-Mohn-Stiftungslehrstuhl für Unternehmensführung, Wirtschaftsethik und gesellschaftlichen Wandel (RMI): Prof. Dr. Morner
- Lehrstuhl für Corporate Governance & Board Dynamics (RMI): Prof. Dr. Talaulicar
- Lehrstuhl für Strategisches Marketing: Prof. Dr. Giesler
- Dr. Werner Jackstädt-Stiftungslehrstuhl für Betriebswirtschaftslehre, insbes. Controlling (assoziiert RMI): Prof. Dr. Nevries
- Professur für Management im Gesundheitswesen: Prof. Dr. Bohnet-Joschko
- Professur für Marketing: Dr. Lüdicke (Vertretung)
- Professur für Betriebswirtschaftslehre, Unternehmensführung und Unternehmensberatung: Prof. Dr. Walger

VWL-Lehrstühle

- Zustiftungslehrstuhl für Volkswirtschaft und Philosophie: Prof. Dr. Dr. Mantzavinos
- Lehrstuhl für Makroökonomik und internationale Wirtschaft: Prof. Dr. Schmidt

- Lehrstuhl für Institutionenökonomik und Gesundheitssystemmanagement: Prof. Dr. Sauerland
- Lehrstuhl für Politische Ökonomie: Prof. Dr. Priddat
- Professur für Wirtschaftspolitik und öffentliche Finanzen: Prof. Dr. Benkert

Sonstige Lehrstühle, Gast- und außerplanmäßige Professuren

- Lehrstuhl für Mathematik und Theorie komplexer Systeme: Prof. Dr. an der Heiden
- Gastprofessur für Corporate Governance und Corporate Law (RMI): Prof. Dr. Dr. Theisen (Ludwig-Maximilians-Universität München)
- Gastprofessur für Corporate Governance und Philosophy (RMI): Prof. Dr. Dr. Brink (Universität Bayreuth)
- Gastprofessur (WIFU): Prof. Dr. Gimeno Sandig (ESADE Business School, Barcelona)
- Gastprofessur (WIFU): Prof. Dr. Rosa (University of Edinburgh Business School, Edinburgh)
- Gastprofessur: Prof. Dr. Endres (Fernuniversität Hagen)
- Gastprofessur: Prof. Dr. Herrmann-Pillath (Frankfurt School of Finance and Management)
- apl. Professur für Corporate Responsibility und Citizenship (RMI): Prof. Dr. Heidbrink
- apl. Professur für Führung und Organisation (WIFU): Prof. Dr. Simon
- apl. Professur für Führung und Organisation (WIFU): Prof. Dr. Wimmer

10. Unternehmergespräche. Wer war wann da?

Die Fakultät lädt regelmäßig Unternehmer und Manager zum Gespräch ein – genauer: zu einem Vortrag mit anschließender Diskussion und, wenn noch Zeit ist, zu vertiefendem Gespräch. Manche nehme das Angebot an, mit Studenten in deren Wohnungen weiter zu reden – ein bleibender Eindruck für alle Beteiligten.

WS 2008/2009	Ulrich Reitz	Chefredakteur „Westdeutsche Allgemeine Zeitung“ (WAZ), Essen
	Stephan Huthmacher	Vorstandsvorsitzender der Comma Soft AG
	Dr. Michael Otto	Vorsitzender des Aufsichtsrats der Otto-Group
	Dr. Christian Veith	Deutschlandchef der Boston Consulting Group
	René Obermann	Vorstandvorsitzender der Telekom AG
SS 2008	Gustav Wiegard	Geschäftsführer der Gustav Wiegard MASCHINENFABRIK GmbH & Co. KG
	Frank Mattern	Deutschlandchef von McKinsey
WS 2007/2008	Matthias Löhr	Geschäftsführender Gesellschafter der WM GROUP
	Martin A. Schoeller	Chairman Schoeller Industries & Präsident Europe's 500 – Entrepreneurs for Growth
	Lukasz Gadowski	Gründer & ehemaliger Geschäftsführer der Spreadshirts AG; Business Angel
SS 2007	Dr. h.c. August Oetker	Persönlich haftender Gesellschafter der Dr. August Oetker KG
	Peter Kowalsky	Gründer und Geschäftsführer der Bionade GmbH
	Jens Hilgers	Gründer und Geschäftsführer Giga TV und Turtle Entertainment
WS 2006/2007	Ehssan Dariani	Gründer von StudiVZ
	Christiane zu Salm	ehemalige Geschäftsführerin von MTV Central Europe und Gründerin des Quizsenders 9Live
	Johannes Sevket Gözalan	Vorstandsvorsitzender der Computec Media AG
SS 2006	Dr. Hans-Peter Meister	Gründer und Inhaber der IFOK GmbH
SS 2005	Christine Schaerffer & Oliver Wolgast	Ramboll Management

	Helmut Kostal	Vorsitzender der Geschäftsführung der Leopold Kostal GmbH & Co. KG
WS 2004/2005	Dr. Fritz Kröger	Vice President der A.T. Kearney GmbH
SS 2004	Hans Peter Ring	CFO der EADS CFO von AIRBUS S.A.S.
WS 2003/2004	Eckhard Spörr	Vorstandsvorsitzender von Freenet
	Dr. Rupprecht	Vorstandsvorsitzender der MAN AG
	Prof. Thilo Kleine	Geschäftsführer der Bavaria Film GmbH
	Dr. Jürgen Kluge	Deutschland-Chef von McKinsey & Company
SS 2003	Udo Klein-Bölting	Vorstandsvorsitzender von BBDO Consulting
	Hartmut Geldmacher	Vorstandsmitglied EON Energie
	Prof. Neven Dumont	Vorsitzender des Aufsichtsrats und Gesellschafter des Medienkonzerns Gruppe M. DuMont
	Dr. Friedhelm Haak	Vorsitzender der Geschäftsführung Verlagsgesellschaft Madsack
	Dr. Kajo Neukirchen	Vorstandsvorsitzender der Metallgesellschaft AG
WS 2002/2003	Dipl.-Ing. Dr.-Ing. E. h. Jürgen Weber	Vorsitzender des Aufsichtsrats der Deutschen Lufthansa AG
	Dr. Bernd Kundrun	Vorstandsvorsitzender der Gruner + Jahr AG Vorstandsmitglied der Bertelsmann AG
	Dr. Hans- Joachim Körber	Vorstandsvorsitzender der Metro AG
	Dr. Michael Frenzel	Vorstandsvorsitzender der TUI AG
SS 2002	Thomas Holtrop	Vorstandsvorsitzender von T-Online
	Roland Berger	Gründer und CEO der Unternehmensberatung Roland Berger
	Helmut Panke	Vorstandsvorsitzender der BMW Group
	Harald Schmidt	Produzent und Kabrettist
	Dr. Mathias Döpfner	Vorstandsvorsitzender des Axel Springer Verlags
WS 2000/2001	Gerhard Schmid	Gründer und Vorstandsvorsitzender von Mobilcom
	Dr. Kurt Servatius	Vorsitzender der Geschäftsführung AGIS Allianz Dresdner Informationssysteme GmbH
	Klaus Eierhoff	Vorstand der Bertelsmann AG
	Erich Schumann	Geschäftsführer der WAZ-Mediengruppe
	Erich Lejeune	CE Consumer AG
WS1998/1999	Reinhold Würth	Geschäftsführender Gesellschafter der Adolf Würth GmbH & Co. KG
SS 1998	Mark Wössner	Vorstandsvorsitzender der Bertelsmann AG
	Gerhard Joos	Vorstand der Krupp AG

11. Universität Witten/Herdecke, Fakultätsfest der Wirtschaftsfakultät am 22.10.2005

David Klett

Liebe Neuankömmlinge, liebe Absolventen, verehrte Gäste und Mitglieder der Universität.

„Universität müßte also auch ein Ort sein, an dem nichts außer Frage steht." So Jacques Derrida in einem Vortrag an der Stanford University über die Humanwissenschaften in der Universität von morgen. Universität als Ort, an dem nichts außer Frage steht. Der Satz ist kaum zu denken, weil er sich auf sich selbst bezieht. Denn müßte nicht wenigstens außer Frage stehen, daß hier in der Universität nichts außer Frage steht? Doch Derrida sagt, NICHTS steht außer Frage. Man könnte den Satz erweitern. Die Universität ist ein Ort, an dem nichts außer Frage steht, und auch dieser Satz steht nicht außer Frage. Also steht doch etwas außer Frage? Nein! Und deshalb doch! – Ich bin in der Paradoxie gefangen. Fritz Simon, der erste Familientherapeut an unserer Fakultät, meint, manche Psychotiker könnten drei Wochen in solchen Paradoxien hängenbleiben. Das habe ich jetzt nicht vor. Zwar kann man echte Paradoxien nicht auflösen. Man kann sich aber mit einem Sprung aus ihnen retten, indem man die kreisenden Gedanken an einem Punkt anhält. Den Gedanken, den man dann zu fassen bekommt, spinnt man in eine andere Richtung weiter. Bevor ich mich darum bemühe, noch eine Bemerkung zu Derrida: Sein Versuch über die unbedingte Universität schließt nicht ab. Ihre Paradoxie drängt in einen immer fortstolpernden Diskurs, in die unendliche Auseinandersetzung, und genau die ist Universität. Gemeint ist also nicht Laisser-faire, kein Kinderladen, keine totale Freiheit, die hier manche fordern, keine phantastische Souveränität, wie Derrida sie nennt. Eher ein Ort, an dem es wunderschön ist, Konsens zu haben, und verdächtig, wenn er anhält. Ein Ort, an dem man immer auf Einrede eingestellt ist und diese immer bereithält. Universität ist ewiges Ringen, das anstrengend ist. Eine Anstrengung, die viele der hier Anwesenden kennen dürften. Und das ist gut so.

Der paradoxe Gedanke, von der Universität als Ort, an dem nichts außer Frage steht, erlaubt mir und jedem Erstsemester jeweils den Blick zu schärfen. meinen Blick, wenn ich ihn zurück in meine Studienzeit werfe. Euren Blick, liebe Erstsemester, wenn ihr euch bald in dem zu erhoffenden Chaos eures Studiums wiederfindet. Ich beginne mit dem Rückblick und schließe ab mit wenigen Hinweisen, wie ihr, die neue Generation, den derridaschen Blick für euch entsichern könnt.

Ich erinnere mich an meinen Studienbeginn und die Zeit, als die Wirtschaftsfakultät begann, mich in sich hineinzusaugen. Ich achte darauf, wo es sich unsere Fakultät geleistet hat oder wieder leisten sollte, etwas in Frage zu stellen, was woanders außer Frage steht. „Woanders", das sind andere deutsche Universitäten, Fachhochschulen und unter ihnen die Business Schools. Es soll zunächst um Lehre, dann um Forschung gehen. Ich orientiere mich dabei an wichtigen Wittener Schlüsselsätzen, die eng mit der Geschichte dieser Fakultät verknüpft sind und von denen ich meine, daß sie nie vergessen, aber immer neu erwogen werden sollten.

> „Wir haben uns bis heute nicht gestattet, einen bestimmten Typ von Studenten zu produzieren."

Man müßte Gerd Walgers Äußerung ergänzen: Wir haben uns auch nicht gestattet, Studenten aufzunehmen, die sich das gefallen lassen würden. Zumindest angesichts meines Semesters habe ich den Eindruck, daß bei der Auswahl kaum ein Kriterium außer Frage stand. Sie fanden sich alle, die musischen Typen und die naturwissenschaftlichen, ziemlich junge und recht reife. Michael Kannebley war 35 und Lufthansapilot, Stephan Kunze Orchestermusiker und über 40 Jahre alt. Es gab die fokussierten und die noch unschlüssig umhersuchenden. Die gehetzten und die entspannten. Die Schulversager und die Streber. Die Karrieristen und die Anwärter weltrettender Organisationen. Und keiner blieb das, was er zu sein schien, als er antrat.

Die Mischung war explosiv und aufregend. Witten scheint sich hier nie auf ein Profil oder eben wenige Profile festgelegt zu haben. Und das hat mir die Chance gegeben, mich an der Unterschiedlichkeit meiner Kommilitonen aufzurichten und von ihnen unendlich viel zu lernen.

Bleibt es dabei, daß Schulnoten bei der Auswahl keine Rolle spielen? Bleibt es dabei, daß auch Studierende auswählen – denn sie wissen am besten wer zu ihnen paßt? Gibt es keine Altersgrenzen und hat jeder eine Chance, der überrascht, intelligent irritiert und Profil zeigt? – Wenn das so bliebe, dann könnte dieser Fakultät eigentlich nichts passieren.

Und hier mein zweites Zitat:

> „Zuhören beginnt da, wo man den Einspruch, den man unmittelbar meint erheben zu müssen, aufschiebt."

Ein Satz, der sich in den Golden Rules findet. Die Rules enthalten eine Sammlung unschätzbarer Hinweise für ein klug geführtes Studium. Birger Priddat hat sie im Jahr 2000 in seiner Zeit als Dekan herausgegeben. Ich möchte eigentlich jedem Anwesenden hier nahelegen, sie mehrmals von vorne bis hinten durchzulesen und dann auswendig zu lernen.

„Zuhören beginnt da, wo man den Einspruch, den man unmittelbar meint erheben zu müssen, aufschiebt." Michael Hutter begrüßte uns 1998 im ersten VWL-Seminar mit den Worten: „Aha, Sie sind die Elite. Dann studieren Sie mal." Das war's. Kein Buch. Keine Folien. Kein Vortrag. Nur wir. 20 Klassensprecher. Jeder wußte es besser, alles besser. Allein schon, weil die anderen etwas wußten, was man sofort auch zu wissen vorgab. Es dauerte Wochen, eine Atmosphäre aushalten zu lernen, in der eben nichts außer Frage zu stehen scheint. Auszuhalten, nicht einfach durchzudrehen und dem Dauerredner gegenüber ein Buch an den Kopf zu werfen. Ich selbst war häufig kurz davor, es zu tun, und bin mit Sicherheit nur knapp solchen Angriffen entgangen. Heute muß ich sagen, daß dies eine der wertvollsten Erfahrungen war: Diese endlose Auseinandersetzung mit anderen und die Chance zu verstehen, wie man in Gruppen angesehen wird und wirkt. Mit solchen Erfahrungen haben Wittener Studierende denen, die unserer Konkurrenz anvertraut sind, unendlich viel voraus. Daß ein Wirtschaftsstudium in erster Linie die Vermittlung von Fachwissen bedeutet, hat Witten zumindest zu meiner Zeit in Frage gestellt. In den Golden Rules nennt Dirk Baecker Studierende der Wirtschaftsfakultät KIWIs. Ein KIWI ist ein (Wittener) Wirtschaftswissenschaftler mit Kompetenz, Intelligenz, Witz und Ironie. Kompetenz heiße, „argumentativ mit allen gängigen Diskursen über die Wirtschaft und allen Praktiken in der Wirtschaft vertraut zu sein". So viel zur Ökonomie. Bei den übrigen drei Aspekten spielt Fachwissen keine Rolle. Und mit Blick auf meine eigene berufliche Praxis weiß ich jetzt, daß es besonders auf diese anderen drei Aspekte ankommt. Ich stelle hier Baeckers Begriffe von Intelligenz, Witz und Ironie nicht en detail vor. Ich möchte ja, daß Sie die Golden Rules lesen. 50 Exemplare hat Frau Kleinheisterkamp für Sie kopiert. Die können Sie gerne nachher bei mir abholen.

> „Wir geben jeden schutzlos dem Denken preis. Das kann zur Gewohnheit werden."

Es gibt auch einen verbreiteten Gegenentwurf zu diesem bon mot Birger Priddats: Im Grundstudium wird das Basiswissen aus Betriebs- und Volkswirtschaftslehre vermittelt. Denn man muß erst die Grundlagen beherrschen, bevor man sie kritisieren oder kreativ erweitern darf. Oder noch einfacher: Erst die Pflicht, dann die Kür. Falscher kann in meinen Augen eine Lehre kaum aufgezogen werden. Wer mit dem Lehrbuchwissen allein beginnt, ist bald verraten und verkauft. Beglückt durch die Eindeutigkeit des Gelernten, durch die Klarheit der Theorie. Und bald infiziert von der Krankheit, an der zu viele Wirtschaftwissenschaftler leiden und die sie weder auskurieren wollen noch können: Nämlich der Glaube, mit dem ökonomischen Paradigma fast alles mindestens am besten erklären zu können. Erste Symptome konnten wir auch bei uns beobachten. Etwa, wenn es um die Frage ging: Kann man altruistisch handeln? Nein, natürlich nicht. Denn vor dem Hintergrund der zur Wahl stehenden Alternativen muß ein solches Handeln die beste Alternative für den Handelnden gewesen sein. Er hat in seinem Sinne optimiert. Sonst hätte er es doch nicht getan! Altruismus ist also Egoismus. Altruismus gibt's also nicht. Haben wir es uns doch gedacht.

So strahlend klar war die Analyse, daß wir die Tautologie nicht gleich gesehen haben, die ihr zugrunde liegt. Und auch den Verlust einer wichtigen Unterscheidung, nämlich der von Altruismus und Egoismus. Was hilf hier? Hier hilft ein Denken, dem man sich schutzlos ausliefert. Wie macht man das? Indem man sich mit Problemen versorgt, für die es keine befriedigende Lösung gibt. Und wie macht man das? Hier muß ich ein Beispiel anbringen: Das zweite Semester Betriebswirtschaftslehre bestand aus der Lektüre und Diskussion zweier Bücher.

Das eine war Erich Gutenbergs „Grundlagen der Betriebswirtschaftslehre“. Kluge Leute sagen, alle späteren Entwicklungen der BWL seien nur Fußnoten zu diesem Text. Wenn man so will, ist Gutenbergs Grundlagentext das für den Betriebswirt, was Caesars „commentarii de bello gallico“ für jeden geplagten Lateiner ist. Den ersten Satz, also „Gallia est omnis divisa in partes tres“ vergißt man nie. Gutenberg beginnt mit der ersten Unterscheidung „Der Sinn aller betrieblichen Betätigung besteht darin, Güter materieller Art zu produzieren oder Güter immaterieller Art bereitzustellen.“ Und so geht es weiter. Schritt für Schritt und glasklar entfaltet sich vor einem der Wirtschaftsbetrieb. Die Ordnung ist bestechend. Und wer sich mit Gutenberg auf die Suche macht, der wird diese Ordnung in jedem Betrieb wiederfinden.

Das andere Buch, das wir im zweiten Semester gelesen haben, war Karl E. Weicks „Prozeß des Organisierens“. Das Buch beginnt mit einer Reihe von Geschichten, die auf den ersten Blick nichts mit Organisieren zu tun haben. Etwa das verrückte Golfdoppel von Alex Bavela. Die Strohhälmchen für die Wahl der Teams ziehen er und seine drei Kollegen erst nach dem Spiel. Was sie die ganzen 18 Löcher getan haben, wird dann klar, wenn sie wissen wer ihr Gegner und wer ihr Partner ist (oder war?). Und was hat das mit Unternehmen zu tun? Wie Weick dann zeigt, sind Organisationen laufend damit beschäftigt „im Nachhinein plausible Geschichten zu rekonstruieren, um zu erklären“, wie sie das erreicht haben, was sie erreicht haben. Der Manager als Steuermann, der plant und ordnet, analysiert und sich und seinem Shareholder damit schon manche Gewinne ersegelt hat – das ist womöglich nur eine von vielen in Organisationen gepflegten Geschichten. Die helfen einem, nicht dauernd von Glück, von Zufällen, Gelegenheiten, Mißverständnissen und Überraschungen sprechen zu müssen; von Lösungen, für die es an Problemen fehlt, von fertigen Entscheidungen, für die noch Manager gesucht werden, damit sie endlich entschieden werden.

Wie bekommt man diese beiden Positionen von Weick und Gutenberg überein? Gar nicht. Man kann sich nur trainieren, die Gegenstände des Faches auf die eine oder auf die andere Weise und auf ganz andere Weisen zu denken. Man macht sich auf die Suche nach den Schwächen der Beschreibungen, vergleicht, unterscheidet, verbindet und erweitert. Scheitert und versucht es erneut. Und lernt, daß keine Beschreibung außer Frage steht. Das haben wir im zweiten Semester getan. Ich will nicht sagen, daß alles klug und richtig war, was wir herausgefunden haben. Etwa Ralph Wiechers und ich, wir hielten uns für Genies, als wir entdeckt hatten, daß Unternehmen gefrorene Wasserfontänen sind. Die nach unten spritzen. Aber die Bewegung im Denken hat uns ein wenig geschult, uns selbst im Auge zu behalten: Welche Brille wir aufhaben und welchen blinden Fleck wir uns mit ihr einkaufen. Sie hat uns gelehrt, nicht auf jede Theorie hereinzufallen, sondern ihre bestechenden und verführerischen Aspekte zu entlarven.

Ich freue mich sehr, daß unser damaliger Professor, der Soziologe Dirk Baecker, von dem Dekan eingeladen wurde, wieder BWL für Studierende des Grundstudiums anzubieten.

Ich komme zum vierten und letzten meiner Wittener Schlüsselzitate.

> „Witten hat so viele Studiengänge wie Studenten“

Was macht ein Wittener Student in den ersten Semestern? Alles. Neben den BWL- und VWL-Veranstaltungen gleich noch die zu Statistik, Recht, Rechnungswesen und die Mathekurse. Sprachen dürfen nicht fehlen. Neben Französisch gleich noch eine asiatische Sprache. Oder wenigstens Schwedisch. Die Stufu-Zeitung ist voll. 50 Seminare werden angeboten. Fünf sind noch zu schaffen. Und dann auch schon Credits für das Hauptstudium sammeln. Und die Eltern am Wochenende besuchen – wenn es die Mentorenfirma erlaubt. Was bald folgt, ist die Krise. Und dann beginnt eigentlich erst das Studium.

Denn Witten zwingt einen zu wählen. Auszuwählen, was man wirklich will. Erst in der totalen Selbstüberforderung fangen viele damit an, sich zu fragen, was sie eigentlich von ihrem Studium erwarten. Ob es heute noch so läuft, wie ich es beschrieben habe, vermag ich nicht zu sagen. Zu unserer Zeit, also 1998 und 99 war es für viele so. Zwei Vorraussetzungen sind für diese Erfahrung entscheidend. Erstens: daß es eine Atmosphäre gibt, in der man laufend das Gefühl hat, man verpasse etwas. Besonders die Studierenden sind für diese Atmosphäre verantwortlich. Sie müssen Ideen haben, bei denen man sich ärgert, daß man sie nicht selbst hatte. Sie müssen Dinge können oder lernen, die man selbst gerne können oder lernen würde. Es gibt noch eine zweite wichtige Voraussetzung für die wertvolle Erfahrung, selbst sein Studium unternehmen zu müssen: Die Universität muß jedem einzelnen Studierenden weite Spielräume lassen. Ein Studierender in Witten muß so schnell oder so langsam studieren dürfen, wie er will – von Extremen abgesehen. Er muß seine fachlichen Schwerpunkte sehr frei setzen können. Oder jeden Schwerpunkt vermeiden dürfen. Seminare müssen sich verändern, wenn Studierende mit guten Argumenten auf ihre Veränderung drängen. Ein Wittener muß sich durch seine Wahlmöglichkeiten erbarmungslos selbst überfordern. Er muß dazu ermutigt werden, für noch mehr davon zu sorgen. Sei es in Form von Konferenzstudien, Wahlpflichtarbeiten, Forschungsprojekten oder Kongressen. Es wird immer Kommilitonen geben, die diese Verhältnisse ausbeuten. Indem sie sich jene Seminare herauspicken, für die sie am leichtesten ihre Kreditpunkte bekommen. Ich denke, das sollte man in Kauf nehmen und nicht zum Anlaß, mehr Regeln einzuführen. Denn Witten ist in dieser Hinsicht einzigartig. Wer gelernt hat, seinen Studiengang selbst zusammenzuzimmern, wer so seine Interessen und seine Leidenschaften gefunden hat, der hat anderen Studierenden sehr, sehr viel voraus. Was er gewinnt, ist Reife, Selbstvertrauen und Sicherheit in der Sache. Witten muß die Universität sein, die das auch in Zukunft ermöglicht. Witten muß die Universität sein, die diese Konzeption weiterentwickelt.

Vier Gesichtpunkte der Lehre in Witten habe ich angesprochen. Die Liste ist nicht vollständig. Angeleitet war ich von dem Gedanken, Aspekte aufzuspüren, die in Witten in Frage gestellt werden und andernorts außer Frage stehen. Ich sehe diese Aspekte als etwas Wertvolles an, als etwas – ich erinnere an die Rede meines Kommilitonen Matthias Schulz im letzten Jahr – als etwas, das einen Unterschied macht.

Auf Unterschiede kommt es nicht nur in der Lehre an. Deshalb erlaube ich mir wenige Bemerkungen zur Forschung. In dieser Fakultät gibt es einen Streit, meine Damen und Herren. Einen Streit, der manchmal sehr leise, manchmal mit Gebrüll und schweren Keulen ausgetragen wird. Zwei Konfliktlinien lassen sich holzschnittartig nachziehen. Bei der einen stehen die Normen und Regeln einer wissenschaftlichen Szene in Opposition zu einer eigensinnigen Haltung, genau diese Normen und Regeln zu ignorieren. In klare Aussagen gefaßt: Forschungsergebnisse sind eigentlich nur dann wissenschaftlich ernstzunehmen, wenn sie in angesehenen Journalen veröffentlicht sind. Versus: Forschungsergebnisse sind dann wertvoll, wenn es Rezipienten gibt, die von ihnen lernen und sie für sich nutzbar machen. Ob sie dann in Journalen, in dicken Büchern oder auf Webseiten veröffentlicht werden, ist eigentlich zweitrangig. Das ist die eine Konfliktlinie. Die andere ist mehr inhaltlich bestimmt. Hier treffen die dominierenden Theorien und Methoden der Wirtschaftswissenschaften auf ihre Kritik, ihre Dekonstruktion, ihre Aus- und Überdehnung in Bereiche der Philosophie, der Soziologie, Psychotherapie oder Kunst. Jeder, der mich kennt, weiß, daß ich diesen Debatten nicht gerade neutral gegenüberstehe. Deswegen erlaube ich mir jetzt auch, mich öffentlich darüber zu freuen, daß Thomas Armbrüster kürzlich Professor am Institut für Familienunternehmen geworden ist. Natürlich auch, weil er in hochkarätigen Journals publiziert. Insbesondere aber, weil er sich auf das Wagnis einläßt, philosophische Positionen mit ökonomischen zu integrieren. Daß Karl Popper für ihn dabei so wichtig ist, halte ich für einen kleinen Makel – mit einer Popper-Vorlesung im Ohr habe kürzlich beinahe einen Autounfall gebaut. Aber Herr Armbrüster fängt ja gerade erst an.

Ich komme zurück zu den zwei Debatten. Trotz meiner Überzeugung, daß jeweils eine Seite falsch, die andere aber richtig liegt, halte ich die Debatten selbst für unschätzbar wertvoll. Universität soll ein Ort sein, an dem nichts außer Frage steht. Also weder das mainstreamökonomische Paradigma, noch seine Kritik. Weder „publish or perish", noch das gelassene Übersehen von Journals und ihren Doppelblindverfahren. Witten blickt in allen Lagern der Streitenden auf Traditionen zurück. Und die sollte die Fakultät ausspielen. Sie sollte die Diskussion öffentlich zelebrieren und verschärfen. Nicht in Berufungs-, Promotions- und Habilitationsverfahren. Sondern in den Arenen, die einer Universität für faire Auseinandersetzungen zur Verfügung stehen. In Publikationen, auf Kongressen, in Ringvorlesungen, Streitschriften und öffentlichen Diskussionen. Ich habe den Verdacht, daß hier für Witten eine Chance auf ein einzigartiges Profil liegen könnte. Womöglich eines, auf das die ehrbare Scientific Community genauso gespannt blicken würde wie rebellische Abonnenten der „post-autistic economics review".

Bevor ich das Thema Forschung verlasse, muß ich auf einen Einwand reagieren, der hier dem einen oder anderen durch den Kopf gehen dürfte: „Aber Herr Klett, der Wissenschaftsrat, der Wissenschaftsrat." Ja, der Wissenschaftsrat und dieser Professor aus Berlin. Die beiden kann die Fakultät nicht ignorieren. Es stört den Rat, daß es nur „wenige publikationsstarke Professoren" an unserer Fakultät gibt. Eine inhaltliche Profilierung sei auch nicht erreicht. Die hat der Rat nur bei der Lehre erkannt. Ich bleibe dabei: Eine Universität soll der Ort sein, an dem nichts außer Frage steht. Das gilt auch für die Donnerworte des Wissenschaftsrats. Die medizinische Fakultät wird sich durch diese scharfe und rauhe Feile nicht rundschleifen lassen. Und auch die Wirtschaftsfakultät sollte das nicht zulassen. Den Aktivposten Lehre hat sich die Fakultät durch viele Jahre Eigensinn erarbeitet. Ich glaube, nur durch geschickt dosierten Eigensinn und durch eine mutige Positionierung schräg zu eingefahrenen Diskursen wird auch die Forschung eines Tages ein Aktivposten in der Wahrnehmung des Wissenschaftsrates werden.

Die unbedingte Universität Derridas kann es nicht geben. Deshalb muß und deshalb kann man immer für sie kämpfen. Den womöglich wichtigsten Beitrag können die Studierenden leisten. Nicht obwohl sie Bildungstouristen sind, wie Priddat Studierende in einer schwachen Minute genannt hat, sondern weil sie Bildungstouristen sind. Neue Generationen versorgen die Universität mit neuer Irritation. Sie ist darauf eingestellt, sich irritieren zu lassen. Schauen Sie sich allein dieses Gebäude an. Sie können hier niemandem aus dem Weg gehen. Sie können sich nicht ungesehen davonstehlen. Diese Universität ist für störende Rückfragen gebaut. Sie braucht Studierende, die scheinbar Eindeutiges hinterfragen, die mißtrauisch werden, wenn ihnen etwas als außer Frage vorgeführt wird. Deswegen richte ich mich zum Abschluß besonders an euch Neuankömmlinge. Erlaubt mir noch eine Vorbemerkung, da das Folgende als Aufruf zum Ungehorsam verstanden werden kann, wenn man mir nicht gerecht werden will: Immerwährendes Neinsagen ist ebenso falsch wie bereitwilliges Mittrotten und Nacheifern. Ich empfehle auch hier einen Blick in die Golden Rules. Da steht: „Argumentiere immer zuerst mit dem Argument der anderen. Rekonstruiere das Argument des anderen so, daß es sein Recht behält. Balanciere dein Argument an den Argumenten anderer. (…) Freue dich, wenn andere dir Gründe genannt haben, die dich irritieren, überzeugen und dich von dir abweichen lassen. Wann bekommt man schon etwas geschenkt?" Und mit diesen Hinweisen für eine konstruktive Auseinandersetzung im Sinn bitte ich euch: Schärft euren Blick für Dinge, die so tun, als müßten sie so sein, wie sie sind. Warum genau dieser Ablauf eines Seminars? Warum genau dieses Lehrbuch? Warum genau diese Methoden? Warum immer dieses Argument? Warum auf diese Art Prüfungen ablegen? Warum genau diese Art von Projekten? Warum diese Form der studentischen Mitarbeit? Fordert Antworten auf solche Fragen und findet selber welche! Denn auf diese Weise arbeitet ihr mit an der unbedingten Universität. An einem Ort des ungesicherten Denkens. Einem Ort voller gieriger Lust auf Ungedachtes. Eben einem Ort, an dem nichts außer Frage steht.

Vielen Dank.

12. Betrachtungen von Studierenden der Fakultät

Eine (fast) erfundene Geschichte

Julika Franke[*]

Der Seminarraum füllt sich. Die Latte Macchiato steht vor mir als Symbol des Studierens. Voller Selbstbewusstsein und Erwartungsfreude. Der Professor erscheint. Die Offenbarung scheint nahe. Das Gemurmel verstummt. Witten ist anders, aber wie?

Die Stille bleibt. Der Professor schweigt, nachdem er uns freundlich begrüßt hat. Unruhe macht sich breit, räuspern…

Nach einem unendlich scheinenden Schweigen die Frage: „Was machen wir denn jetzt?" Die Augen des Dozenten fixieren – wie als Antwort – jeden einzelnen von uns auf eine merkwürdig entspannte, interessierte und gleichzeitig herausfordernde Art und Weise. „Was *wollen* Sie denn machen?" Die Frage war von bedrückender Einfachheit und zugleich von hoher Komplexität! Ja, was wollen wir denn machen? Jeder hatte eine Vorstellung, eine Idee seines Studiums. Auf irgendetwas hatte sich jeder gefreut. Doch es jetzt *ad hoc* inhaltlich zu bestimmen, zu artikulieren, war ein schwieriges Unterfangen.

Also gut. Die anhaltende Stille irritiert und zwingt zum Denken. Was könnten wir denn machen? Welche Möglichkeiten gäbe es? Wo sind wir hier überhaupt und warum? Weshalb hatten wir uns hier beworben?

Wahrheit, Verantwortung, Freiheit… Freiheit? „Freiheit aushalten, das Studium eigenverantwortlich gestalten", das waren die Worte der betreuen-

[*] Julika Franke studiert seit 2008 an der Wirtschaftsfakultät.

den Studierenden am Tag der offenen Tür gewesen. „Wenn ihr nichts zu den Seminaren beitragt, dann wird auch nichts daraus, dann passiert nichts.“

Gerade in dem Augenblick, in dem mir bewusst wird, dass hier wohl gerade der erste Moment der Freiheit und der (Eigen-)Verantwortung anfängt, in dem ich anfange, eine Antwort für mich selbst zu formulieren, höre ich: „Sie wissen also nicht, was sie hier wollen. Dann brauchen sie mich gerade nicht. Melden sie sich bei mir, wenn sie wissen, worüber sie mit mir sprechen wollen. Wir können die aufgekommenen Fragen dann nächste Woche diskutieren. Einen schönen Tag noch.“ Er öffnet die Tür. Die Tür schließt sich wieder. Kein Dozent mehr im Raum.

War das Ironie? Spott? Waren wir nicht hier um etwas zu lernen? Sollte er uns das nicht beibringen? „Was war denn *das*?“, fragt ein Kommilitone. „Sauberer Abgang“, meint ein anderer. „Und jetzt?“ – „Ich meine eigentlich ist das cool. Überlegt mal, wir können bestimmen, was wir hier machen. Keine langweiligen Vorträge wie in der Schule oder an anderen Unis.“ – „Ja toll. Und was willst du machen?“ – „Wenn ich das schon wüsste, bräuchte ich doch hier nichts zu lernen!“ – „Gibst du schon auf? Kannst die Freiheit wohl nicht aushalten, was? Lass doch mal logisch vorgehen. Wir könnten in die Bibliothek gehen und mal sehen, was wir dazu finden und uns einen ersten Eindruck verschaffen“ – „Genau, dann könnten wir doch erst einmal so etwas wie eine Definition suchen. Selbst wenn wir mit Wikipedia anfangen.“ – „Wikipedia? Jaja, sehr wissenschaftlich!“ – „Nee, ehrlich. Da hab ich keine Lust zu. Ich lese lieber Zeitung. Da steht wenigstens was über das reale Geschehen drin und nicht so komische Theorien mit tausend unrealistischen Annahmen. Lasst ihn doch einfach über das aktuelle Tagesgeschehen der Wirtschaft löchern.“ – „Ich schlage vor, wir teilen uns auf und gehen in Gruppen den verschiedenen Ansätzen nach. In einer Stunde treffen wir uns hier wieder und berichten von unseren Ergebnissen. Was haltet ihr davon? Und wenn wir dann Fragen haben, können wir ja immer noch zu Herrn...“

Wälder und Felder ziehen vorbei.

Wieder und wieder spiele ich die Vorstellung von meinem erhofften Studium in Witten im Kopf durch. Meine Tagträumerei wird durch die Aufforderung, mein Zugticket zu zeigen, unterbrochen. Die Bewerbungsgespräche liefen eigentlich ziemlich gut. Hoffnung. Der Zug nähert sich Paris mit hoher Geschwindigkeit – mein aktueller Wohn- und Ausbildungsort. Diese Vorstellung vom Studieren. Das war es also, weshalb ich mich beworben hatte…

Kampf der Universitätskulturen. Memoiren eines Wittener Krisenkindes

Philip Kovće[*]

Insgesamt grenzt es an ein kleines Wunder, was sich in den Wochen zwischen Weihnachten 2008 und Ende Januar 2009 im beschaulichen Ruhrgebietsstädtchen Witten ereignete. Die dort beheimatete Universität Witten/Herdecke, um die Weihnachtsfeiertage 2008 in akute Finanznot geraten, konnte vor dem drohenden Kollaps bewahrt werden. Wieder einmal. Der Prozess des Untergangs, auf den einige Kritiker der Einrichtung seit nunmehr über 25 Jahren vergeblich warten – mit seiner überraschenden Wende hin zu einem neuen Anfang –, ist dabei mit Argusaugen beobachtet worden. Keine überregionale Zeitschrift, keine Lokalpresse versagte der UW/H in dieser Situation die Aufmerksamkeit. An solchem Interesse mangelt es jedoch häufig, wenn sich nicht gerade eine Krise ankündigt. Was aber macht aber diese Universität auch jenseits finanzieller Engpässe attraktiv? Wofür steht diese Hochschule, die als erste ihrer Zunft in Deutschland im Jahre 1982 die staatliche Anerkennung als private Universität erhielt? Und was bedeutet es, dass hier andauernd ein heißer Tanz auf dem dünnen Eis eines überwiegend spendenfinanzierten Haushaltsetats gewagt wird?

Viele dieser Fragen sind nicht zu beantworten, wenn man sich nicht grundsätzlich damit beschäftigt, was für ein Ort eine Universität sein soll. Ein Ort der Wissenschaft, zweifellos. Aber was heißt das? Etwa: Mensch rein, Wissen rein, Mensch plus Wissen raus? An vielen Universitäten verkommt der Ort der Wissenschaft zu einem derart missverstandenen Betrieb, bei dem das Material – der Student – angereichert wird mit gewissen Tools, Modulen und Clustern. Heraus kommen dabei allerdings nur selten glänzende Perlen, die sich noch weiter individuell veredeln wollen, sondern meistens ununterscheidbare Massenware: glatt geschliffen, dennoch trüb im Ton. Der Gedanke, die europäische Hochschulbildung im Rahmen des Bologna-Prozesses zu vernetzen, vergleichbarer zu machen, hat in der Praxis sein Gegenteil hervorgebracht: verschulte Studiengänge *á la* Bachelor und Master, die an jeder Universität anders durchgekaut werden und letztlich alles sind – nur nicht

[*] Philip Kovće studiert seit 2007 an der Wirtschaftsfakultät und der Fakultät für Kulturreflexion.

vergleichbarer. Verantwortung für diese Misere tragen nicht nur vorschnelle Politiker, sondern ebenso bequeme Hochschulleiter und -lenker, indem sie es sich einfach machen: ausbilden ist kompakt, bilden jedoch komplex – weil ergebnisoffen, weil unsicher, weil individuell.

Dies alles hat mit der UW/H insofern zu tun, als ihr Gründungsimpuls auf der Idee fußte, dem staatlich verwalteten Bildungsapparat eine tragfähigere Alternative entgegenzustellen. Kreativ und avantgardistisch sollte sie sein, von privaten Trägern gefördert, von der Gesellschaft direkt unterstützt – alles wurde bereitet für eine Institution „freier Geister“ (Friedrich Nietzsche). Dieses Pilotprojekt, das Gerhard Kienle, Konrad Schily und andere Anfang der 80er Jahre aus dem Gemeinschaftskrankenhaus Herdecke heraus auf den Weg brachten, ist weiterhin so aktuell und gefährdet, wie es bereits zu Gründungszeiten war, denn es steht in einem permanenten Spannungsfeld zwischen – sagen wir es etwas altmodisch – *Geld* und *Geist*.

Warum ist die UW/H, warum sind die dortige Bildungsidee und Universitätskultur, noch immer aktuell? Ganz einfach: „Weil man Wissen nicht vermitteln kann wie man eine Wohnung vermittelt. Wissen muss in jedem Kopf neu entstehen“ – so bringt es der ehemalige Dekan der Wirtschaftsfakultät, Professor Dr. Michael Hutter, auf den Punkt. Diese individuelle Wissensgeburt sollte und soll an der UW/H ermöglicht werden; es geht im institutionellen Rahmen um das, was der griechische Philosoph Sokrates die Methode der *Mäeutik*, intellektuelle Hebammenkunst, nannte; es geht um Geburtshilfe bei den individuellen Bildungsbestrebungen eines jeden Studierenden – und Lehrenden. Damit werden Freiräume zur Kapitalbildung im besten Wortsinne geschaffen. Denn das Kapital einer Universität, eines Studenten, eines Dozenten, sind – nein, nicht die Portemonnaies! – die Ideen! Diese können nicht vorbestellt, sondern nur ermöglicht werden.

Hier zeigt sich, was ich als zumindest indirekten Kampf zwischen Geld und Geist beschreiben möchte. Denn Geld ist in seiner kulturellen Ermöglichungsfunktion noch immer weitestgehend unentdeckt. Es wird meist nur als Begleichung für erbrachte Leistung gedacht, als Bezahlung für fixierte Produkte. Die seit einiger Zeit virulente Diskussion um ein bedingungsloses Grundeinkommen setzt z.B. an dem einem anderen Geldverständnis an – an seiner bedingungslosen Ermöglichungs- und freiheitlichen Investitionsfunktion. Eben ein solches Geldverständnis ist für das Bildungssystem gleichermaßen unerlässlich – wie leicht einzusehen ist.

Je nach dem, wie Geld begriffen und schließlich investiert wird, kann es in seinem Aktionsradius kreative oder destruktive Wirkung entfalten. Darin liegt auch die weiterhin gegebene Gefährdung des Projekts UW/H. Eine von Robert Musils Romanfiguren in *Der Mann ohne Eigenschaften* spricht vom

Geld als „vergeistigter Gewalt“, wobei Gewalt hier zwei Aspekte meint: Kraft- ebenso wie Gefahrendynamik. Einer freien Hochschule hilft nur Geld, das aus ersterem Motiv gestiftet, gespendet, geliehen wird – da dies jedoch rar vorhanden (weil rar gedacht) ist, ist Geld oft schwer zu haben, wenn der Geist erhaltend erneuert werden soll.

Zurück zur Situation der UW/H: Auch im Herbst 2010 bestehen weiterhin mindestens zwei Möglichkeiten, wie diese Hochschule scheitern könnte. Zum einen könnte sie so auf ihren Geist schwören, dass sie dabei die Beziehung zur Gesellschaft verliert, die ihr dann das nötige Geld, die notwendige gesellschaftliche Beauftragung, umgehend entziehen wird. Folge: finanzielle Insolvenz – der *Geld-Tod.*

Der zweite Untergang wäre von anderer Qualität und schwerer zu erkennen: Lässt sich die Universität auf jedes ihr angebotene Geld ein und verkauft sie dabei ihren Geist, ja ist sie bereit, denselben in Fesseln der Unfreiheit zu schlagen für Moneten, die für garantierte Resultate fließen sollen, dann verliert sie ihre innere Glaubwürdigkeit und Bestimmung als Universität „freier Geister“, ja eigentlich sogar als Universität überhaupt. Folge: ideelle Inkonsequenz – der *Geist-Tod.*

An der UW/H wurde, von gemeinsam für die Institution kämpfenden Studenten und Dozenten, der finanzielle Knock-Out wiederholt abgewendet – ohne sich den ideellen Ausverkauf dafür einzuhandeln, was ja wahrlich einem Teufelspakt gleichkäme. Inwieweit dies auch in Zukunft gelingen kann, hängt davon ab, wie die UW/H ihre Ideale gegenüber der Öffentlichkeit mitzuteilen fähig ist, und inwieweit in der Gesellschaft die Bereitschaft besteht, derartige Bildungseinrichtungen zu unterstützen.

Das 25-jährige Jubiläum der Wirtschaftsfakultät ist ein Ereignis, das dies beides beflügeln könnte – indem rück- und vorblickend die eigene universitäre Praxis befragt, erneuert – und auch wahrgenommen wird. Dann wird es vielleicht bald weniger Wittener Krisenkinder geben…

Keine Substitute für Schokolade

Nina Forkefeld[*]

Ökonomen sind besonders. Sie spielen gerne Spiele und entwerfen gerne Modelle. Angeblich zur Komplexitätsreduktion. Amüsant ist, dass Ökonomen dann nur noch in diesen Modellen denken. Ab und zu vergessen sie dabei sogar, dass es auch noch eine Realdimension gibt.

Bei Wittener Ökonomen hat diese Träumerei meist ein jähes Ende, werden sie doch massiv in ihrem Modelldenken gestört. Denn es können beispielsweise fundamentale Meinungsverschiedenheiten zwischen Kulturwissenschaftlern (KuWis) und Wirtschaftswissenschaftlern (WiWis) entstehen:

Es meinte einst ein WiWi im Seminar: „Wenn der Preis für Schokolade steigt und der für Gummibärchen sinkt, dann kaufe ich auf jeden Fall mehr Gummibärchen.“ Der KuWi konterte: „Auf gar keinen Fall, wenn ich Schokoladenhunger habe, dann esse ich doch keine Gummibärchen!“

Nun scheint es aus KuWi-Sicht keine adäquaten Substitute für Schokolade zu geben: „Nicht einmal Schokoladeneis! Da kann der Schokoladenjunkie noch so sehr ein Schnäppchenjäger sein, er wird sich durch seine potentiell wachsende Kaufkraft nicht davon abringen lassen seiner Schokoladenpassion, die sogar von Kindheit an bis auf konkrete Sorten festgelegt ist, zu frönen.“

Der WiWi macht Ansätze, Vorlieben, ästhetische Geschmacksurteile und sogar so etwas wie Sucht – die Facetten menschlichen Verhaltens eben – mit Begriffen wie „Präferenz“ und „Nutzenmaximierung“ zu erklären – und scheitert. Wie geht diese Geschichte aber weiter?

- *Variante A*: Der Dozent blickt betreten zu Boden und muss die Studierenden drauf hinweisen, dass das Modell nicht ausreicht, die Realität vollständig und umfassend zu erklären. Mit dem Buchhinweis „Neurowissenschaft heute“ (in der der Hirnforschung die Klärung ökonomischer Phänomene zugemutet wird) wechselt der Dozent dezent das Thema.
- *Variante B*: Der Dozent reibt sich die Hände, er freut sich auf die nun aufkeimende Diskussion. Er hinterfragt. Was ist überhaupt Realität? Die Reflexion beginnt und die Studierenden reflektieren im Gespräch, was sie

[*] Nina Forkefeld studiert seit 2009 an der Wirtschaftsfakultät; von 2005 bis 2009 studierte sie an der Fakultät für Kulturreflexion.

tun, wenn sie tun, was sie tun. Welche Annahmen sie treffen und welche sie ausschließen, um diese Annahmen zu treffen.

Für die meisten Wittener Ökonomen ist die hier in *Variante B* geschilderte Form des wissenschaftlichen Selbstzweifels eine prägende Erfahrung. Eine solche, von der man sich nicht wieder erholt.

Die Reflexion beginnt sich allmählich aber stetig in das alltägliche Leben von Wittenern einzuschleichen und begleitet sie bei all ihren unternehmerischen Aktivitäten. Und wer die Klassensprechermentalität und das überaus große Engagement der Wittener Studierenden kennt, weiß was das bedeutet: produktive Rastlosigkeit.

Der *unique selling point* der Wittener Ökonomen wird jedoch zum großen Teil durch die Fakultät für Kulturreflexion generiert. Viele der jüngst an die Uni gekommenen Studierenden und Dozenten glauben, dass Wissenschaft – Wissen schafft. Die Konstruktivisten unter uns haben eine andere Perspektive: „Das Studium fundamentale ist eine Einrichtung zur Verhinderung von Wissen" (Zitat von Professor Dr. Michael Bockemühl; 2008 im Seminar: „Was ist eine Marke?")

Wissen ist letztendlich eine Perspektivfrage. Während der Ökonom auf die Frage nach der Uhrzeit eine Zahl nennt, erkundigt sich der Geisteswissenschaftler erst einmal nach der Zeitzone. Die „Phikusse" oder „Puks", wie sich die KuWis heute nennen, sind sich ihrer Wirkung auf Wittener WiWis als interkultureller Super-GAU oftmals gar nicht bewusst. Allein durch das gegenseitige konstruktive Missverstehen – immerhin sind wir alle handverlesene Wittener, völlig unabhängig von unserer Fakultät – eröffnen sich fruchtbare Dialoge. Selbstreflexion erfordert manchmal ein Gegenüber und manchmal auch eine Reibefläche. Die Wittener Offenheit und Sozialkompetenz verträgt beides: Harmonie und Dissonanz. Und Wittener gönnen sich den Luxus, hin und wieder auch anschlussfrei zu diskutieren – zur Erinnerung: „Eine gute Frage ist die beste Antwort."

Und apropos Erinnerung: In der Wirtschaftsfakultät ist ein wenig mehr Reflexion ein dringender Punkt auf der *to do*-Liste, denn heute steht die Wirtschaftsfakultät vor neuen Herausforderungen:

- der Generationenwechsel (von Dozenten wie Studierenden) war und ist kräfteraubend;
- der Anspruch, staatliche Anforderungen zu erfüllen, erdrückt das kreative Potential;
- die Einzigartigkeit der Wittener Wirtschaftsabsolventen nimmt ab und der Unterschied zu anderen Universitäten wird dünn;

– die Selektion der Studierenden scheitert: Konsumfreudige Bildungsbulimiker (solche die etwas lernen, um es einmalig, vorzugsweise in der Klausur, wieder hervorzuwürgen) halten Einzug.

Ein Ziel der Wirtschaftsfakultät war es einmal Unternehmertum zu fördern. Nur stehen diesem Ziel derzeit diverse Administrationshürden gegenüber, die die Freiheit und die Entfaltung von Wittener Eigenlogiken stark einschränken. Da jede Generation jedoch ihren eigenen Weg finden muss (sei es nun durch Rückbesinnung auf die eigentlichen Werte oder durch in Inanspruchnahme externer Beratung), bleibt zu hoffen, dass die noch unentdeckten Wittener Rohdiamanten aktiv aufgespürt werden. Denn nur mit ihnen kann der Lebensraum von einstmals passionierten und einzigartigen Wittener Ökonomen gesichert werden.

Wie dieser Lebensraum genau aussieht? Hier folgend eine typische Szene: Ein romantischer Augenblick zwischen zwei WiWis in einer WG der Wittener Innenstadt. Es ist 03:37 Uhr in der Nacht. Er schaut von der Tastatur auf. Er bemerkt, dass sie sein *Ralph Lauren*-Shirt trägt und fragt sie: „Schatz, wie lange brauchst Du noch für Deine Präsi?“ Sie: „Ich muss nur noch die *backup slides* fertig machen.“ Sie blickt auf. In der Fensterscheibe spiegelt sich sein Monitorbild, sie sieht, wie er von *Spiegel online* eben zu *Facebook* wechselt. Im Hintergrund läuft Musik der letzten *unikat(club)*-Session. Er legt seine Hand auf das *brand eins*-Heft auf dem Tisch: „Leihst Du mir mal Deinen *Mankiw*?“ Sie nippt an ihrer *Fritz Cola*, greift in ihre *Longchamp*-Tasche und reicht ihm den *Mankiw*, bevor beide wieder ihre Gesichter dem Monitor ihrer *Macbooks* zuwenden.

Alfred Herrhausen: Haltung Dank eigener Werte!

Ümit O. Memili[*]

Wendet man die Theorie von Douglass C. North, der 1993 für die Weiterentwicklung der Institutionenökonomik mit dem Nobelpreis für Wirtschaftswissenschaften geehrt wurde, auf die Finanzkrise an, lässt sich folgendes Fazit ziehen: „Don’t blame the player, blame the game!“ Mit anderen Worten: Für guten Fußball braucht es mehr als nur Leder, Tor und Sportler. Nämlich

[*] Ümit O. Memili studiert seit 2005 an der Wirtschaftsfakultät.

Linien, Regeln – und vor allem Schiedsrichter, die Regelverstöße sanktionieren. Fairplay wird letztlich durch rote Karten gewährleistet und nicht allein durch Vertrauen in den Sportsgeist. Übertragen auf die Finanzkrise ist nicht nur der „böse Banker“, der seine Partikularinteressen auf Kosten der Gesellschaft verfolgt, an den Pranger zu stellen. Stattdessen müssen intelligente Spielregeln dem Verhalten im Markt den Rahmen setzen. Daher ist ein Systemversagen dem Staat, dem Macher der Spielregeln, anzulasten.

Regulatorisches Staatsversagen in diesem Sinne sei nach Friedrich A. von Hayek, Nobelpreisträger 1974, zurückzuführen auf die fehlerhafte, nach Hayek „anmaßende“ Haltung des Staates, den Markt ausreichend lenken zu können. Deutlich wird die Selbstüberschätzung im überliquiden Markt, als die US-amerikanische Notenbank Federal Reserve von der Taylor-Regel zur adäquaten Geldmengensteuerung abwich, und in staatlichen, den Wettbewerb verzerrenden Eingriffen (*bailouts*). Übrigens, ein beliebter Legitimationsversuch für diese Eingriffe ist das Adjektiv „systemrelevant“, ein Begriff aus dem Wahlkampf. Unternehmen, die den Marktaustritt nicht fürchten müssen, bepreisen Risikopositionen inadäquat und unterhalb des tatsächlichen Wertes. Spiegelt der Preis nicht alle Informationen wieder, tritt, im Sinne der Effizienzmarkthypothese nach Eugene F. Fama, ein Marktversagen durch Fehlallokation ein.

Die moralische Aufforderung von Staat und Gesellschaft an den „Banker“, ein „Bankier“ zu sein, lenkt von der Verantwortung derselben ab, Grenzen und Spielregeln zu setzen, damit Handlungen eines „Bankers“ nicht zu diesen epochalen Ereignissen führen können. Dies führt uns zu der Frage, wie die Regelungslücken, die von einem überforderten und ineffizienten Staat offen gelassen werden, von der personalen Verantwortlichkeit eines Bankangestellten ergänzt werden können.

Die begrenzte Kompetenz der staatlichen Aufsicht verhindert *ex ante* die angemessene Regulierung des Finanzmarktes. *Ex post*, „wenn der Karren im Dreck ist“, kommt es neben der „Sinn-Flut“ von neuen Spielregeln auch zu Appellen ethischen Handelns. Jedoch weist der Gerechtigkeitsforscher Jon Elster darauf hin, dass weder die ethische Begründung ökonomischen Handelns noch die ökonomische Begründung ethischen Handelns zielführend ist, da diese Betrachtung zu einem Prioritätsproblem führt, welches zu häufig ideologisch und wirkungslos debattiert wird.

Josef Wieland betont als Wirtschaftsethiker zur Steuerung von Transaktionen die Wahl zwischen verschiedenen Entscheidungslogiken aus Moral, Ökonomie, Recht, Technik, Organisation oder Psychologie. Damit wird die universalistische Begründungsfunktion der Ethik, die von Theologen und Philosophen gefordert wird, über Bord geworfen. Die nunmehr entthronte

Moral löst die unbefriedigte Forderung nach einer Ethik in der Wirtschaft auf. Dieser Verlust wird jedoch kompensiert durch die Anwendbarkeit von Ethik. Die transzendentale Ethik wird immanentisiert und materiell erlebbar. Schließlich lässt die Pluralität der Gesellschaft ein Primat der Ethik nicht zu (denn die Gefahr der Diktatur ist zu groß!). Somit bleibt nur eins übrig: der innere Wertemaßstab eines Menschen, der kritisch die jeweils richtige Balance unter den Entscheidungslogiken ermittelt.

Alfred Herrhausen vertrat seinen Wertemaßstab im Privatleben als Ehemann und Vater, als Bürger im Staat, im Beruf als Unternehmer in der Deutschen Bank, aber auch als Unternehmer in der Gesellschaft. Das solide eigene Wertemaß stellt das Fundament zu richtigem Denken, Sprechen und Handeln dar. Aus Haltung motiviertes Handeln schließt aber auch das Tragen der Konsequenzen mit ein – Konsequenzen für sich und andere. Herrhausen bewies Treue zu seinem Wertemaß und Ausdauer in seiner Haltung: So war ihm der Wert privaten Glückes in zweiter Ehe wichtiger als seine Vorstandsarbeit bei der Deutschen Bank. Er bot seinen Rücktritt an, als geschiedene Vorstandsmitglieder als Fauxpas und wider die guten Sitten galten. Herrhausen war bereit, die Konsequenzen seiner privaten Entscheidung zu tragen. Aber stattdessen änderte sich das Wertemaß im Vorstand. Er blieb. Ähnlich verhält es sich mit dem „Herrhausen-Plan" zur Entschuldung von Entwicklungsländern: Herrhausen stellte die Organisation „Bank" in Frage und rückte sie in einen neuen Kontext. Die Bank ist Träger von gesellschaftlichen Pflichten (über Generationen hinweg) und übernationaler Verantwortung. Im selben Atemzug läutete er durch eine strategische Akquisition im Investmentbanking eine neue Ära für den gesamten deutschen Finanzmarkt ein. Seine Überzeugung zur freiheitlich-demokratischen Grundordnung beweist sich in einem Brief im Jahr 1977 – in Zeiten der Bedrohung durch die Rote Armee Fraktion. So schrieb er, für den Fall seiner Entführung „auf unverantwortliche Erpressungen, die sich gegen den demokratischen Rechtsstaat der Bundesrepublik Deutschland richten, nicht einzugehen."

Alfred Herrhausen lebte für Dritte erkennbar das Ethos des Unternehmertums, da er der Maxime folgte, Denken, Sprechen und Handeln am eigenen Wertemaßstab zu messen. Dabei gilt es nicht, ein Monopol auf willkürliche Werte zu beanspruchen, sondern im offenen Wettbewerb der Ideen die eigene Ratio stets von Neuem zu prüfen. Dieser poppersche Skeptizismus, auf der Suche nach Falsifizierung, befreit den inneren Geist. Wenn auch nicht die „wahren Werte" theoriekonform im popperschen Sinne gefunden werden können, bleibt die Pflicht nicht erspart, Werte, Handeln und Konsequenzen richtig zu durchdenken.

Für Joseph A. Schumpeter stellt der Unternehmer eine Quelle zeitgemäßer gesellschaftlicher Maßstäbe dar. Der Unternehmer agiert im Markt im Rahmen seiner Produkt- und Prozessinnovationen, was im Sinne einer schöpferischen Zerstörung auch zu Umwertungen gesellschaftlicher Werte führen kann. Für die einen den Gegenentwurf, für die anderen den Komplementär zum Unternehmer, offenbart Schumpeters Betriebswirt (heute Manager genannt). Ein Manager handelt traditionell in der eingelebten Gewohnheit, moralkonform und pflichtbewusst. Oft bremst er unternehmerische Innovation durch Strukturkonservatismus. Dennoch ist der Manager für die Gesellschaft nicht weniger wichtig als der Unternehmer.

Was ist nun mit der Differenzierung zwischen Unternehmer und Manger gewonnen? In einer durch Wissensteilung ausdifferenzierten Gesellschaft schüren ihre Subsysteme Verhaltenserwartungen an die Menschen. Wirte neigen dazu, Erwartungshaltungen zu entsprechen. Beispielsweise im Subsystem „Investmentbanking“ führte ein profitorientiertes, auf Wachstum getrimmtes Wertemaß zur kultivierten, vielleicht auch bewusst fahrlässigen Selbstüberschätzung und final zum Missbrauch sonst dienlicher Finanzinstrumente (z.B. *Credit Default Swaps* in Kombination mit Leerverkäufen und zugleich Streuung von Marktgerüchten – s.g. *bear raids*). Im ABS-Banking (*Asset Backed Securities*) wurden die Konsequenzen des eigenen Handels in profitablen Momenten vereinnahmt oder anderenfalls verkauft. Das „Risiko“, das Handelsgut in der Finanzwirtschaft, wurde bewusst zum falschen Preis, wie eine heiße Kartoffel, an denjenigen, der die geringste Kompetenz im Markt hat, weitergereicht. Dem half dann der Staat. (Fatal ist, wenn geringe Finanzkompetenz und Staat in einer Person zusammenfallen: den Landesbanken.)

Da Staat und Medien, wenn überhaupt, nur *ex post* das rechte Maß in den gesellschaftlichen Subsystemen bestimmen können, sind mehr Unternehmer als Wirte pro Subsystem notwendig, damit *ex ante* innerhalb der Gruppe Probleme erkannt und gelöst werden können. Unternehmer im Konzern (*intrapreneurs*) stellen Bestehendes in Frage, irritieren gelegentlich als lästige Querdenker und regen damit zur Reflektion wider die Betriebsblindheit an. Gerade eine hochdynamische Industrie nötigt einem Unternehmen hochflexible interne Prozesse zur Prozessüberprüfung ab.

Aber wo werden Unternehmer zum richtigen Denken ausgebildet? Neben formendem Elternhaus und prägenden Ereignissen (wie dem Krieg für Alfred Herrhausen) dien(t)en Universitäten zur Entfaltung von Geist und Charakter. Die Emanzipation weg von fremden Erwartungen hin zum eigenen Wertemaß beginnt mit Freiheit. Wer im freiheitlichen Studium den eigenen Weg sucht, ist zur Selbstorientierung durch eigene Werte gezwungen. Dazu braucht es laut Jacques Derrida die „unbedingte Universität“, eine Universität, die nicht nur akademisch frei ist, sondern auch frei von allen wirtschaftlichen und politisierten Zwängen – in den Worten von Wilhelm von Humboldts: „Losgelöst von allen Formen im Staate“. Eine akademische Atmosphäre, wo nichts außer Frage steht und zur Freiheit ermutigt, fördert im Streben nach Wahrheit die Fähigkeit zu denken. Dies bereitet auf große Verantwortung vor und hilft vielleicht, einen *kalos kagathos* auszubilden, das griechische Ideal einer ethisch-philosophischen Persönlichkeit.

ür Alfred Herrhausen – der sich aus den genannten Motiven auch bedingungslos für die Gründung der ersten deutschen privaten Universität, der Universität Witten/Herdecke, einsetzte – sind Freiheit und Verantwortung, wie er in einem TV-Interview 1989 erklärt, „siamesische Zwillinge“. Denn Freiheit ist keine „Wahl zu unbegrenzter Emanzipation. Man muss Freiheit verstehen als Chance, seine Verantwortung zu praktizieren, ihr gerecht zu werden. Diese beiden Begriffe sind unauflösbar mit einander verbunden. Diese Verantwortung limitiert unsere Freiheitsräume. Das muss man akzeptieren als eine Chance zur Freiheit. Nicht als etwas, was Freiheit vernichtet, sondern als etwas, was Freiheit ermöglicht. Ich glaube, dass das geht!“

Stattdessen werden an Universitäten und Business Schools heute Berufseinsteiger produziert, die im genormten Curriculum früh nach der akademische Währung „credit points“ handeln (auch als „credit hunter“ bezeichnet). Ziel scheint zu sein, die Studenten mit Fachkompetenzen für den Arbeitsmarkt auszurüsten, um als kompetenter Manager zu funktionieren. Diese Universitäten setzen sich damit dem Wettbewerb zu Berufs- und Fachhochschulen aus. Ihre Absolventen werden schnell in Subsystemen mit vielen Managern und in deren homogene Wahrnehmung der Welt sozialisiert.

„Don't blame the player, blame the game?“ Aus der Freiheit verpflichtet, obliegt es dem mündigen Menschen, vor allem in seiner Rolle als Unternehmer das Spiel zu hinterfragen, große Zusammenhänge zu begreifen, gesamtgesellschaftliche Ziele zu entwickeln und in konkreten Situationen den Manager mit neuen Möglichkeiten zu überraschen. Mit der Bereitschaft, seinem Maß zu folgen, wird die richtige Balance verschiedener Entscheidungslogiken in der konkreten Situation geübt.

Alfred Herrhausen formuliert diese schöpferische Freiheit in seinem Vortrag *Risiken und Chancen der Demokratie* (1971): „Wir müssen diesen Tugendkatalog des Menschen neu entdecken oder wiederbeleben, und zwar jeder für sich. Hierin liegt die echte Chance, wirklich jemand zu sein, ganz gleich, wo einer steht. Konformismus dieser Art ist zu bejahen, denn er befähigt uns alle, Haltung zu zeigen und Widerstand zu leisten gegen vielerlei

Zersetzungsversuche.“ Die Universität Witten/Herdecke sollte und soll laut Herrhausen ein Ort sein, an dem dieses – gerade für Ökonomen – möglich ist.

Evolution Witten/Herdecke: Eine studentische Idealvorstellung

Gero Niggemeier[*]

1. Doktrin: Selbstverständnis. Selbstbewusst sind alle folgenden Doktrinen nach außen zu vertreten. Sollten externe Regularien eine Gefährdung oder Einschränkung bedeuten, sind unter dem Einsatz der größtmöglichen Kreativität die Auswirkungen auf das Wittener Studium zu minimalisieren. Die gemeinsame Herausforderung besteht darin, sich anarchisch/demokratisch und dialogisch der gemeinsamen Aufgabe „Universität“ zu stellen. Im Bereich der Lehre ist das Seminar fest verankert. Monologe sind in allen Disziplinen unerwünscht.

2. Doktrin: Nach Wahrheit streben. Die Herausforderung jedes Studierenden ist es, eigene Thesen aufzustellen, deren Präzisierung und vielleicht hypothesenartige Beantwortung es ihm Wert erscheinen lassen, mindestens drei Jahre seines Lebens in ein Studium zu investieren.

3. Doktrin: Kanonisierungsaversität. Abstraktes Wissen in Form von Instrumentarien führt nicht zu evaluierten Entscheidungsprozessen. Zu favorisieren sind das Erlernen und Erarbeiten von Methoden, das Herangehen an neue Situationen und die Bewegungsfähigkeit innerhalb von Prozessen. Konsum standardisierten Wissens auf Vorrat ist abstrakt und demotivierend.

4. Doktrin: Praxisirritation. Elementar ist die Praxiserfahrung aller Studierenden. Sie müssen nach dem schulischen Lernen für mindestens ein Jahr irritiert worden sein, um Distanz zum verschulten Lernen und unselbstständigen/extrinsisch geleiteten Leben zu bekommen. Die gesammelten Erfahrungen und Erlebnisse sind essentiell für das persönliche Studium und gemeinsame Studieren.

5. Doktrin: Freiheit ermöglichen. Ein Minimum an Regeln und Pflichten ist ausreichend. Die Studieninhalte sollen von sich aus notwendig und anziehend werden. Persönlichkeit kann nur autark entwickelt werden.

[*] Gero Niggemeier studiert seit 2008 an der Wirtschaftsfakultät.

6. Doktrin: Intrinsische Motivation. Wenn Studenten zu etwas verpflichtet oder motiviert werden müssen, sind das Studium und seine Inhalte falsch konzipiert. Folglich sind Explikation der Fragestellung, Problemorientierung, Abfolge, Terminierung und inhaltliche Reihenfolge zu evaluieren und zu optimieren.

7. Doktrin: Selektion. Unsere Institution wählt alle ihre Mitglieder selbstständig aus. Dies gilt für Studierende, Dozierende und Mitarbeiter. Die Kooptation kommt zur Anwendung. Impulse von externen Gutachtern werden als Anregungen berücksichtigt. Zur Sensibilisierung werden jährlich für jeden neuen „Wittener" obligatorisch zweiwöchige Einführungsveranstaltungen durchgeführt.

8. Doktrin: Studium als gemeinsame Unternehmung. Studenten und Dozierende unterstützen sich gegenseitig. Jeder Studierende ist unwiderruflich und uneingeschränkt erwachsen, wenngleich die Altersstruktur divers ist. Alle begegnen sich auf Augenhöhe. Dozierende stehen primär unterstützend, informierend, moderierend, anregend und betreuend zur Verfügung. Sie sind herzlich eingeladen, auch Studierende zu sein. Die unterschiedlichsten Interessen, Vorurteile, Meinungen, Wünsche, Erwartungen, Erfahrungen, Hoffnungen, Erlebnisse etc. des Einzelnen sind eine Bereicherung für alle.

9. Doktrin: Lernen als Herausforderung. Bei herausforderungsorientiertem Lernen sind die sogenannten Grundlagen dann und in der Intensität zu lernen, wann und wie sie benötigt werden. Studieren muss über pragmatischen Aktionismus und den wissenschaftlichen Nukleus weit hinausgehen. Kritisches Denken ist essentiell für die Persönlichkeitsentwicklung.

10. Doktrin: Existenzberechtigung. Witten hat als Projektion von einer verregelten und restringierten Universität mit einem Machtgefälle zwischen Studierenden und Dozierenden keine Daseinsberechtigung. Ausschließlich kleiner zu sein, bedeutet, legitim der massiven Gefahr des Scheiterns ausgesetzt zu sein.

11. Doktrin: Stasis/Dynamis. Die Doktrinen 1 bis 10 dürfen nicht statisch und manifest interpretiert und definiert werden. Sie stehen unter permanenter Evaluierung durch ihr gesellschaftliches Umfeld. Neuen Herausforderungen muss dynamisch und flexibel begegnet werden. Unsere Institution muss internalisieren kontrovers und mainstreamavers zu sein.

„Freiheit aushalten“ – seit 25 Jahren!

Giovanni Torsello[*]

Um das Wirtschaftsstudium an unserer Universität zu beschreiben, ziehe ich zur Abgrenzung ein anderes Studium heran. Das Medizinstudium an unserer Universität ist, kurz gesagt, durch problemorientiertes Lernen charakterisiert.

Ich habe mich immer gefragt, wo eigentlich das Problem ist, an dem sich das Lernen orientieren soll. Mittels einer Patientengeschichte wird illustriert, was man in der nächsten Woche auswendig zu lernen hat. Die Tatwaffen sind immer Lehrbücher, manchmal Skripte, fast nie Studien. Ätiologie, Pathogenese, Diagnostik, Differentialdiagnostik, Therapie, Nachsorge, Fertig. Kein Problem.

Das Wirtschaftsstudium ist für mich da noch viel problemorientierter. Damit meine ich nicht die berüchtigten Powerpoint-Slides, die nächtlich noch schnell erstellt werden. Ich meine auch nicht das selbstständige Lösen von Problemen in Fallbearbeitungen. Auch wenn ich manchmal anderer Meinung bin, ist auch Teamarbeit an sich in Witten nicht das Problem.

Problematisch ist es, frei nach Ekkehard Kappler, „Freiheit auszuhalten“. Bestimmt wurde jeder schon einmal mit diesem Begriff konfrontiert; sicherlich hat sich auch seine Bedeutung im Laufe der Jahre, Professoren und Studenten gewandelt. Für mich bedeutet „Freiheit aushalten“, dass man sein Studium selbst gestalten kann und mit den sich daraus ergebenden Konsequenzen leben muss. Freiheit bedeutet, zum Wohle der Persönlichkeitsbildung Kurse zu besuchen, die man interessant findet. Freiheit bedeutet auch, bereits sehr früh im Studium zu arbeiten; man arbeitet während des ganzen Studiums, hat ständig irgendwelche „Projekte“ und schafft es dann auch, Erfahrung aus dem eigenen Arbeitsleben zurück in die Seminare zu tragen.

Und hier kommen wir auch schon direkt zu den Konsequenzen, mit denen man leben muss: Ein Wittener Studium läuft selten so gradlinig ab wie bei den Konkurrenten mit den drei Buchstaben. Ein Studium, das auf Interesse und Entfaltung gründet und nicht auf Curricula und CV-Optimierung, lässt fast jeden Studenten mindestens einmal an der eigenen Kompetenz und an der Richtigkeit des eingeschlagenen Weges zweifeln. In meinen Augen ist

[*] Giovanni Torsello studiert seit 2006 an der Fakultät für Medizin und seit 2007 an der Wirtschaftsfakultät.

das ein wichtiger Schritt, weil Infragestellen und Zweifeln genauso zur Persönlichkeitsbildung gehören wie ein dritter Platz bei der Weltmeisterschaft oder ein Rückschlag beim ersten eigenen Unternehmen. Dies ist immer ein Moment der Reflexion: Probleme identifizieren, Lösungen suchen – und es beim nächsten Mal besser machen. Ein selbst unternommenes Studium ist für mich *das* problemorientierte Lernen schlechthin.

Für das Lernen sind Probleme also mindestens genauso wichtig wie Erfolge. Und mit Problemen sahen wir Wirtschaftsstudenten uns wahrlich öfter konfrontiert. Oft entsteht Reibungsenergie: Wir betreiben Universitätsmarketing, ohne auch nur einen Artikel über Marketing gelesen zu haben. Wozu auch, schließlich lernen wir im ersten Semester, dass Wirtschaft zu siebzig Prozent aus *common sense* besteht. Wir schreiben Strategiepapiere, denken über neue Finanzierungsformen und Organisationsstrukturen von Bildungseinrichtungen nach. Über die Qualität dieser Arbeit lässt sich streiten, über den Erkenntnisgewinn nicht.

Doch Spaß beiseite, denn dies bringt uns zum Kern des Pudels. Zahllose Strategiepapiere, Branding-Konzepte, Positionspapiere und schriftliche Versuche, die Wittener Didaktik zu fassen, zeigen eines: Die medizinische Fakultät mag die Gründungsfakultät und das Studium fundamentale ein identitätsstiftendes Merkmal der Universität sein – die Wirtschaftsfakultät aber ist das wahre Herz der Universität! Denn diese intensive Beschäftigung mit der Universität und ihrer Umwelt geht zumeist auf die Wirtschaftsfakultät zurück. Die intellektuelle Herausforderung suchen, sich umfassend bilden, Grundstein für die Selbstständigkeit und Eigenverantwortung legen – in der Wirtschaftsfakultät lernt man, was sich die Universität selbst zum Ziel gesetzt hat.

Das besagte Ziel zu rezitieren werden wir auch nicht müde. Die Präambel der Satzung unserer Universität zu zitieren, gehört zum guten Ton. Und weil die Wirtschaftsfakultät ihr 25-jähriges Bestehen feiert und dies gemeinhin ein Anlass ist, zurückzuschauen und nach vorne zu blicken, ist ein Zitat aus der Präambel hier durchaus angebracht: „Sie“, also die UW/H, „ hat sich zum Ziel gesetzt, neue Formen des Lehrens und Lernens zu erproben, neue Studienrichtungen und Ansätze in der Forschung zu entwickeln, sowie neue Wege in der Organisation einer wissenschaftlichen Hochschule zu gehen.“

Die Wirtschaftsfakultät hat sich in den letzten Jahren sehr verändert, ob zum Guten oder nicht, darüber lässt sich trefflich streiten. Sicherlich ist eine gewisse Professionalisierung und Strukturierung gut für die Stabilisierung unserer Fakultät. Die Präambel jedoch ist so beliebt, weil sie trotz ihres stolzen Alters von 27 Jahren immer noch aktuell ist. Der Geist, in dem die Universität und auch die Wirtschaftsfakultät gegründet worden sind, hat fortbestand. Die gesellschaftlichen Anliegen an eine private Universität sind auch nach 27 Jahren dieselben. Den Beweis dafür liefert die Gründungsrede Alfred Herrhausens von 1983: „Die Menschen in der Bundesrepublik Deutschland – und nicht nur hier – sehen sich heute vor einem Bündel von schwerwiegenden Problemen, die zur gleichen Zeit fast alle wichtigen Bereiche von Wirtschaft und Gesellschaft betreffen:

- der industrielle und wirtschaftliche Fortschritt vollzieht sich zurzeit ohne ausreichenden Zuwachs an Arbeitsplätzen;
- noch nie in den letzten dreißig Jahren haben so viele Unternehmen ihre Existenz aufgeben müssen wie 1982;
- die Eigenkapitalgrundlage der Wirtschaft wird immer schwächer;
- der Staat hat im Schuldturm seine Handlungsfreiheit eingebüßt;
- die internationale Zahlungsfähigkeit wichtiger Länder ist verlorengegangen;
- auf weltweite wirtschaftliche Schwierigkeiten wird in zunehmendem Maße mit Protektionismus und Abkehr vom freien Güter und Dienstaustausch geantwortet;
- die Ergebnisse des Reformeifers der siebziger Jahre zeigen sich für viele Menschen im Verlust an Sinngehalt der Gemeinschaft der Bürger. Wir haben vordergründige Annehmlichkeiten mit tieferem Lebenssinn verwechselt;
- im Ideologiestreit der Parteien und Interessengruppen drohen unverzichtbare gemeinsame Wertvorstellungen verlorenzugehen.

Wie alle diese Probleme gelöst werden können, weiß niemand mit Sicherheit zu sagen. Aber daß ihre Lösung nur möglich ist, wenn wir das dazu erforderliche geistige Kapital zielstrebig und konsequent entwickeln und alle Begabungen tatkräftig fördern, das ist gewiß.“

Was ist nun die Lehre, die wir daraus ziehen? Die Universität hat sich, wie Alfred Herrhausen es an einer anderen Stelle in seiner Rede bereits antizipierte, nachhaltig verändert. Besonders die Wirtschaftsfakultät hat einen großen Anteil daran. Wie Birger P. Priddat es 2008 formulierte, ist die Wirtschaftsfakultät ein Diamant, der bereits sehr wertvoll ist, aber noch an einigen Stellen geschliffen werden muss. Der Maxime „Freiheit aushalten“ folgend darf die Einzigartigkeit der Wirtschaftsfakultät somit nicht einem Konformitätsdrang zum Opfer fallen – vielmehr muss unbedingter Wille zur Weiterentwicklung von Lehre und Forschung weiterhin bestimmend sein.

Der besondere Wert unserer Wirtschaftsfakultät liegt darin, dass sie nicht akzeptiert, wie Herrhausen sagt, „daß der Lauf der Dinge immer nur einen einzigen Sinn haben müsse oder daß die Ereignisse in ein einheitliches System gefaßt werden könnten, wodurch sie im Namen einer abstrakten Idee oder eines historischen ‚Trends' gerechtfertigt würden".

In diesem Sinne wünsche ich unserer Fakultät, dass sie es auch weiterhin verstehen wird, Freiheit auszuhalten und zu dem Juwel zu werden, welches sie für die Universität Witten/Herdecke und unsere Gesellschaft bereits ist.

Die Physik der Bildung

Hans-Georg Beyer und Frederik Hümmeke[*]

In der Schule haben wir im Mathematikunterricht gelernt, dass die kürzeste Verbindung zwischen zwei Punkten eine Gerade ist. Wir wissen auch, dass viele unserer Mitschüler – und, was viel wichtiger ist, Personalverantwortliche in Unternehmen – der Meinung sind, dass gerade Lebensläufe dem Anspruch genügen müssen, dass je eine kurze Verbindung zwischen zwei Stationen realisiert wird.

Es wird im Allgemeinen angeraten, nach dem Schulabschluss – idealerweise ein Abitur im Einser-Bereich, inklusive eines Auslandsaufenthaltes von mindestens einem halben Jahr – direkt mit dem Studium zu beginnen. Dieses sollte in Rekordzeit unter Berücksichtigung diverser Inlands- und Auslandspraktika mehrsprachig und mit Auszeichnung absolviert sein. Hiernach erfolgt der direkte Berufseinstieg, gut und gerne in ein global agierendes Markenunternehmen, um in diesem so schnell wie möglich Karriere zu machen. Die Bologna-Reform unterstützt mit ihrer Studienstraffung und der angeblichen Internationalisierung der Studiengänge diese Ansichten.

Schaut man sich nun die Lebensläufe wirklich erfolgreicher Unternehmer an, so wird man feststellen, dass in den meisten Fällen kein perfekter Lebenslauf zu finden ist. Nehmen wir als Beispiel Steve Jobs, der, das Studium bereits abgebrochen, noch immer Kurse an der Universität – rein aus Interesse – belegt hat. Jobs erklärte, dass diese Kurse ihm die Fähigkeiten

[*] Hans-Georg Beyer studiert seit 2007, Frederik Hümmeke seit 2004 an der Wirtschaftsfakultät.

vermittelten, um aus Apple, Pixar und Next erfolgreiche Unternehmen werden zu lassen.

Steve Jobs ist bei weitem kein Einzelfall. Solche Persönlichkeiten sind durch sehr eigene Lebensläufe gekennzeichnet, die viele Brüche enthalten und im Wesentlichen durch eines charakterisiert werden: Die intensive Beschäftigung mit einem Themengebiet – aus Begeisterung für die Sache.

Vor diesem Hintergrund stellt sich nun die Frage, ob ein idealtypischer Lebenslauf der beste Weg ist. Einen spannenden Gedanken können wir an dieser Stelle von Albert Einstein übernehmen. In seiner 1905 veröffentlichen Relativitätstheorie bringt er das bis dahin vorherrschende Bild vom Verhältnis von Raum und Zeit mächtig durcheinander. Seither wissen wir, dass der kürzeste Weg zwischen zwei Punkten eben nicht die Gerade ist. Unter Berücksichtigung der Krümmung des Raumes ist eine Geodäte – also eine gekrümmte Linie – die kürzeste Verbindung zwischen zwei Punkten.

Im Sinne der Relativitätstheorie ist die Zeit relativ, nicht mehr absolut. Die Uhren unterschiedlicher Beobachter ticken also anders. Der perfekte Lebenslauf hat das Ziel, schnell erfolgreich zu machen. Zeit ist aber relativ, also abhängig vom Beobachter und dessen Position. Auch wenn sich ein Akteur besonders Zeit lässt, kann er trotzdem schneller sein.

Die kürzeste Verbindung zwischen zwei Punkten ist manchmal ein krummer Weg und die Zeit – eng verbunden mit dem Raum – ist relativ.

Der gerade Weg bringt die Illusion mit sich, auf das Ziel zu zeigen. Kurz zu sein. Schnell zu sein. Wenn aber doch Raum und Zeit krumm und relativ sind, macht es dann wirklich Sinn, den geraden Weg zu gehen? Woher sollen wir wissen, wann es an der Zeit ist, einen geraden Weg zu verlassen? Woher, wann es sich lohnt, von dem geraden Weg abzukommen und Abweichungen im Lebenslauf, die immer gleichzeitig Risiken bedeuten, in Kauf zu nehmen?

Wenn wir genauer auf die Lebensläufe erfolgreicher Unternehmer schauen, ist es vor allem ein wesentlicher Faktor, welcher die meisten zu ihren Abweichungen treibt: Es ist das Interesse, meistens sogar die regelrechte Leidenschaft, die sie dazu bewegt, sich ihrem Thema zu widmen. Auf diesem Weg sind besonders kreative Ideen, Leistungen und ein einzigartiges Set aus Fähigkeiten, Kompetenzen und Erfahrung entstanden.

Genau dies war später dann das, was die Unternehmer besser als alle anderen gemacht hat. Bei Steve Jobs waren es die Kurse zum Thema Kalligraphie und Gestaltung, die dazu geführt haben, dass die Apple-Computer dergestalt entworfen wurden, wie sie heute aussehen – was einen gewichtigen Einfluss auf den Erfolg hatte. Die Energie der Eigeninitiative hat erst den Möglichkeitsraum geöffnet und damit neue Ziele geschaffen.

Wenn wir nun von den großen Persönlichkeiten zu den Studenten kommen, welche ihr berufliches Leben vor sich haben, stellt sich ganz pragmatisch die Frage, wie sie vorgehen sollten: Wie müssen sie ihr Studium gestalten, wenn sie sich beste Möglichkeiten für ihre berufliche Zukunft eröffnen wollen? Was muss eine Universität dazu leisten?

Albert Einstein wusste, dass Zeit und Raum nicht unabhängig voneinander betrachtet werden können. Genauso verhält es sich im Studium.

In der Wittener Didaktik, niedergeschrieben von Professor Dr. Michael Hutter vor etwas mehr als 10 Jahren, wird formuliert, dass Zeit im Studium eine der wichtigsten Grundvoraussetzungen ist, um ein Studium zu ermöglichen, das junge Menschen bildet. Die Zeit ist deswegen so wichtig, weil sie den Raum öffnet, sich seinen Interessen zu widmen, um Initiative zu übernehmen – auch auf die Gefahr hin, überfordert zu sein oder zu scheitern – und aus diesen Erfahrungen zu lernen und zu wachsen. In diesem Rahmen steigt auch der Gedanke der Freiheit empor. Es ist nötig, in seinen Entscheidungen frei zu sein. Diese Freiheit bringt Verantwortung mit sich. Freiheit meint also auch, Verantwortung für sich selbst, für seine eigene Bildung, aber auch für andere zu übernehmen.

Diese Gedanken sind in keiner Weise kompatibel zu dem, was seit der Bologna-Reform an den meisten Universitäten praktiziert wird. Über enge Zeitpläne, Fristen und Strukturierung mit vielen verpflichtenden Kursen werden systematisch die Freiheit und die Verantwortung der Studenten reduziert. Dies bedeutet, dass auch die Zeit, die Studenten darauf verwenden können, sich mit den Gebieten ihres Eigeninteresses zu beschäftigen, reduziert wird: Am Ende der Pflichtkurse bleibt kaum Zeit für einen ausführlichen, langen Gedanken. Die Folge sind Studenten, die nicht Unternehmer ihres eigenen Studiums sind. Fehlende Motivation und erhöhte Frustration, die zu einem anstrengten Durchbeißen und letztlich auch immer häufiger zum Scheitern des Studiums führen, sind die Folge.

Anders sind die Erfahrungen in Witten: Motivierte Studenten, die in Freiheit und Eigenverantwortung die Zeit haben und nutzen, sich zu bilden. Dank der Wittener Didaktik werden den Studenten durch Institutionen wie das Studium fundamentale und exzellente Professoren nicht nur Abweichungen ermöglicht, sondern man fördert und fordert diese. Auch und gerade diese Grundsätze heben die Universität Witten/Herdecke wohltuend von der restlichen Universitätslandschaft ab und schaffen hier einen Platz für Bildung – eben nicht nur für Ausbildung.

Trotzdem ist die Wittener Didaktik in Gefahr, denn es erfordert Mut, sie anzuwenden:

- deswegen, weil man sich Zeit nehmen muss, obwohl viele andere sagen, man solle den geraden Weg gehen – ohne Zeit für scheinbar nicht zielführende Interessen;
- deswegen, weil man die Freiheit aushalten und die Verantwortung tragen muss, die mit dieser Didaktik einhergehen;
- deswegen, weil man im Rahmen dieser Eigenverantwortung selbst als Unternehmer seiner Bildung für den Erfolg gerade steht.
- deswegen, weil man immer einen Weg geht, welcher noch nicht vorher gegangen wurde. Man befindet sich auf unbefestigten Pfaden und weiß nicht unbedingt, wohin sie führen: Ziele sind nicht unmittelbar zu erkennen.

Wir danken denen, die den Mut hatten, eine Fakultät zu gründen, und denen, die diese Fakultät mit ihrer Arbeit füllen, sodass es jungen Menschen ermöglicht wird, Unternehmer ihrer Bildung zu sein, ohne in das enge Korsett einer standardisierten Ausbildung gepresst zu werden.

Wir wünschen allen Studenten und Dozenten sowie allen, die die Wirtschaftsfakultät der Universität Witten/Herdecke zu dem machen, was sie ist, den Mut, sich auf die ursprünglichen und noch immer kraftvollen Grundideen der didaktischen Exzellenz im Rahmen eines modernen Bildungsideales zu besinnen. Und wir wünschen allen den Mut, dieses in Zukunft mit Selbstvertrauen nach außen zu vertreten. Wir hoffen, dass der Weg, den Sie gewählt haben, für Sie der richtige ist.

25 Jahre Wirtschaftsfakultät!

Ulrich Auwärter[*]

Was kann man über einen Ort sagen, der so viel bedeuten kann und doch oftmals nur ein Abglanz, ein trüber Schein seiner selbst zu sein meint. Wahrlich ist diese Fakultät, ist diese Universität ein Ort, der viele Orte bedingt. Die Möglichkeiten eines jeden, der sie betritt und sich auf sie einlässt, sind nahezu unbegrenzt. Ich habe selten einen Ort erleben dürfen, an dem so vieles möglich war, einiges davon realer Traum, und so vieles gleich einem

[*] Ulrich Auwärter studiert seit 2006 an der Wirtschaftsfakultät.

Flickenteppich aus Unvermögen oder dem wahrhaften, edlen und noch mehr eitlen Versuch, das Ungreifbare greifbar zu machen.

Universität in ihrer Reinform – eine Chimäre, die einen jeden, der Empfänglichkeit für ihre Reize vermuten lässt, tief in ihren Bann zu ziehen vermag. Tiefer, immer tiefer treibt sie sie, die Sklaven ihrer verborgenen Schönheit, oftmals nicht davor zurückschreckend, ihre Freier endlich zu vertilgen. Doch – *vanitas* – das Leben geht weiter.

Bisweilen, ja bisweilen jedoch zeigt sie sich, und das ist der reale Abglanz eines doch so sicheren Trugbildes, in ihrer Wahrhaftigkeit, ihrer mystischen, unbekannte Farben reflektierenden, glühenden Schönheit, die ihr, geschichtenumrankt, seit jeher eigen ist.

Ins Leben gerufen von wahrhaft mutigen Männern, deren edles Ansinnen einer tugendhaften und doch freien *universitas* weit über ihre eigenen Grenzen hinaus strahlen sollte. Vor- und Freidenkertum, doch vor allem den Mut zum Wandel, den sie in sich trug, wollte sie zurück in die Gesellschaft tragen, aus der sie entstand und die nur so schwer verstehen konnte, was sie an Ländereien, Wäldern, Bergen des Wissens und Strömen und Meeren des Nichtwissens ergründen wollte.

Was ist sie nun, die alte Dame? Die Ketten der wohlgemeinten und doch so törichten Versuche, sie zu bändigen, hängen schlaff an ihrem ehemals so starken und doch feingliederigen Wesen herab, das nur so kurz doch etwa keimen durfte; es ist müde ob des vielen Zögerns und Zerrens, das es ein Leben lang hat erdulden müssen, es lebt, oder besser, wird gelebt in einer Welt, in der es Fabelwesen nicht bedarf, sitzt als Fremdes unter Gleichen. Gleiche, deren Tüchtigkeit, deren Rechtschaffenheit es jedoch nie wird erreichen können.

Leben wird sie nicht, die alte Dame, wird sie nicht von einem Geist beseelt, der sie frei von falschen Werten tragen kann. Der sie sich entfalten lassen kann, in ihrem vollen Glanz und ihrer nicht vorhersehbaren Strahlkraft. Der sie gehen lassen kann – der Sonne entgegen – und sie nicht festhält aus Angst vor dem eigenen Schein des Unvermögens, die Neue Welt zu schauen. – Dann und wann stehen Sterne der Hoffnung am Horizont…

Ich wünsche der Fakultät sowie der Universität allseits die Sterne, die sie in eine mutige, freie, unbekannte und so wunderbare Welt entlassen mögen. In Dankbarkeit für zahlreiche wertvolle Begegnungen mit ihr und ihren rechten und falschen Sklaven und den wenigen anderen – vereint im Streben nach Wahrheit, soziale Verantwortung fördernd und vor allem: zur Freiheit ermutigend.

Eine Runde für die Aufmerksamkeit – eine Betrachtung der Entwicklung der Wirtschaftsfakultät

Caspar-Fridolin Lorenz[*]

„Es kann alles ganz anders sein" – mit diesem Satz begann mein Studium. Es war Herbst, Oktober 2006, während der Einführungswoche, als Herr Professor Dr. Bertram dies eindringlich verdeutlichte. „Es kann alles ganz anders sein" – ausgehend von diesem Satz möchte ich die Wirtschaftsfakultät in den Fokus der Aufmerksamkeit rücken, um Ausschnitte ihrer Entwicklung mit einer aus der Wirtschaftssoziologie stammenden Denkfigur zu bedenken.

Im Unterschied zu einer klassisch wirtschaftswissenschaftlichen Betrachtung von Märkten nehme ich hier an, dass teilnehmende Akteure der gleichen Marktseite sich aneinander ausrichten: Konsumenten orientieren sich primär an Konsumenten, Produzenten an konkurrierenden Produzenten. In einem aufeinander bezogenen Spiel reiben und orientieren sich die Konkurrenten so wechselseitig. So entwickeln sich Präferenzen durch die Begegnung. Sie nähern sich an – und beginnen in gewisser Weise, um „Gleiches" zu konkurrieren.

Auch die Wirtschaftsfakultät der Universität Witten/Herdecke bespielt seit ihrer Gründung immer wieder unterschiedliche Märkte. Durch sich verändernde Irritationen – die wiederum zu Orientierung führen können – verändert sich eine Organisation. So habe ich die Wirtschaftfakultät während meines Studiums auf unterschiedliche Arten kennen gelernt. Zwei möchte ich herausgreifen, um eine Entwicklung zu verdeutlichen.

Aufbau und Ausrichtung der Wirtschaftfakultät zu ihrer Gründungszeit sehe ich im Zeichen der 68er. In An- und sicherlich auch Ablehnung bestimmter gesellschaftlicher Ideale wurde eine Fakultät ins Leben gerufen mit dem, so stelle ich es mir überspitzt vor, motivierenden Ausruf: „Freiheit? Wir können Freiheit richtig!". Eigen, provokativ, verantwortungsbewusst. Im festen Blick das Ziel „der Gesellschaft" einen „Tick" zu geben durch die herausfordernde Heranbildung junger Menschen, umgesetzt auch durch besondere Gestaltung der Erstsemesterveranstaltungen („Was wollen sie eigentlich?", „Wie, das wissen sie nicht?", „Gut, dann gehe ich wieder!", so die

[*] Caspar-Fridolin Lorenz studiert seit 2006 an der Wirtschaftsfakultät und seit 2008 an der Fakultät für Kulturreflexion.

kolportierte Aussage einiger Dozenten). Gezielt wurde auf mehr als eine solide ökonomische Ausbildung, die nur ein Teil des gesellschaftlichen Knuffs sein konnte. Bedeutung entstand durch die Orientierung an und Auseinandersetzung mit Gesellschaft im Spannungsfeld zur eigenen Persönlichkeit.

Schwenke ich nach diesen bildhaften Bruchstücken auf die neuere Beobachtungen der Wirtschaftsfakultät, so kann ich andere Präferenzen, andere Ausrichtungen feststellen: das Notenspektrum ist Thema, Studien- und Lehrbelastungen, und vor allem: Anschlussfähigkeit als Kernbegriff der Studienausrichtung. Der Dekan gilt immer als Dummer, denn es muss doch effizient publiziert werden! Und warum? Ja, der Markt habe sich verändert! Na klar: Neue Orientierungspartner sind Business Schools. Plötzlich behaupten sich allgemeine Standards als Messlatte guter Seminare. Auch hier findet der besprochene Angleichungsprozess statt: Konzentration auf Ausbildung statt, viel zitiert, Bildung, das Marktpotential der Absolventen gilt es so zu potenzieren. Praktische Erfahrungen werden außerhalb des Studiums erworben, reflektiert wird am Küchentisch und, ja, natürlich sind wir stolz auf all die aktiven Studierenden – aber die Seminare zählen doch mehr?

Beide Ausprägungen, der Gründungs- und der heutige Blick, sind Möglichkeiten ihrer Zeit. Legitime Entwicklungen, die keinesfalls einfach zurückgedreht werden können. In den Umwälzungsprozessen der vergangenen Jahre wurde dennoch viel Kraft, die die ursprünglich vielleicht dionysisch zu nennende Ausrichtung innehatte, verloren. Gewonnen wurde Transparenz an einigen Stellen, vielleicht auch Verlässlichkeit. Nur: zu welchem Preis?

„Es kann alles ganz anders sein!“ Aus wirtschaftssoziologischer Sicht stellt sich die Frage, in welchem Markt die Wirtschaftsfakultät zukünftig konkurrieren will. Mit allem, was das heißt.

Mit diesen Gedanken wünsche ich der Wirtschaftsfakultät viel Kraft für ruhige und aufmerksame Auseinandersetzungen!

Von Unternehmern und Managern

*Stefan Peukert und Paul Glaser**

Jede Idee, insbesondere jede innovative, braucht einen Geist. Und um Realität zu werden den Geist eines Unternehmers. Er entwickelt seine Idee, er formt sie zur Reife, er gewinnt den Markt für sich oder scheitert an diesem. Eins ist sicher: Das Risiko und die Chancen sind immer auf seiner Seite.

Was aber macht gute Unternehmer aus? Kann man Unternehmertum lernen? Können wir junge Menschen zu diesen ausbilden? Auf einen ersten Blick finden sich schnell typische Charakteristika: Der Unternehmer besitzt ein klares Bild von sich selbst und entwickelt daraus eine Vision für andere. Er denkt strategisch sowie analytisch, begeistert und motiviert seine Mitarbeiter. Verantwortung einfordern und fördern ist sein Credo, ebenso wie den Erfolg gerecht zu teilen.

Doch treffen diese Eigenschaften nicht auch einen erfolgreichen Manager zu? Populäre Begriffe wie *Excellence in Team-Development*, *Leadership Skills* und der Ruf nach mehr *Entrepreneurship* scheinen diese Annahme zu bestätigen. Schließlich müssen Manager ihre Budgets einhalten und Erfolgskennziffern verantworten. Für Fehler ihrer Mitarbeiter haben sie ebenso einzustehen, selbst wenn nur ihr variabler Einkommensanteil geringer ausfällt. Es scheint also kein Leichtes, den erfolgreichen Manager vom erfolgreichen Unternehmer zu unterscheiden.

Auf einen zweiten Blick benötigt ein Unternehmer aber noch andere Eigenschaften. Diese wird ein Manager bei seinen Aufgaben nicht entwickeln, was nicht heißt, dass er sie nicht auch haben könnte. Ein profanes Beispiel zeigt deutlich, dass „wahres“ Unternehmertum anders denken wird als gutes Management. Oder kennen Sie DAX-Vorstände, die fünf Testdrucke machen, damit das Adressfeld des Kunden nicht ins Firmenlogo rutscht, nur weil es noch keine Vorlagen für die erste Rechnung gibt?

Kurz: Ein Unternehmer genießt mehr Freiheiten. Er schafft Strukturen und Verfahren nach seinen Wünschen, basierend auf seinem Leitbild. Er richtet sich nicht nach einem schon vorhandenen *Code of Conduct*. Nein, er verkörpert diesen als eigene Person durch die Gründung seiner Unternehmung. Er hat diese Freiheit auszuhalten und ist bei der Realisation seiner Ideen zuerst

* Stefan Peukert und Paul Glaser studieren seit 2008 an der Wirtschaftsfakultät.

immer wieder auf sich selbst zurück geworfen. Einen anderen Sündenbock als sich selbst zu finden, scheint bei den meisten Gründungen wahrlich schwer – und widerspricht auch der zweiten wichtigen Eigenschaft die Unternehmer auszeichnen.

Dies ist die Nuance zwischen Verantwortung und existenzieller Verantwortung. Manager tragen Verantwortung für ihre Mitarbeiter, das ist unbestritten, wenn auch oftmals vergessen. Es ist jedoch ein isolierter Bereich von Verantwortung und selten wird durch Missmanagement die eigene Existenz gefährdet. Ein Unternehmer kann keine Abteilung in seiner Firma wechseln, falls ein Projekt scheitern sollte. Seine Existenz ist seine Firma, für welche er immer die volle Verantwortung tragen wird.

Doch ist es nur ein Kreuz, dass Unternehmer zu tragen haben? Gibt es keinen einfachen Weg, den des sich Ausprobierens, so ganz ohne Risiko? Hat unsere Gesellschaft deswegen so wenige von diesem Typus?

Unternehmer zu sein ist keine einfache Entscheidung und bestimmt nicht die Wahl einer Alternative. Denn erst wenn man sich den Risiken bewusst wird, kann man diese eingehen. Eine freie Ausbildung kann hilfreich sein, um die Chancen und Konsequenzen aufzuzeigen. Es gilt, die Person auf ihre Entscheidung vorzubereiten, in dem man Freiheiten zumutet, anstatt Alternativen vorsetzt.

Vielleicht liegt es gerade an diesen unternehmerischen Rahmenbedingungen, dass sich so viele Studierende der Wirtschaftsfakultät in den letzten 25 Jahren für den Weg des Unternehmers entschieden haben. Eine Vorbereitung auf diesen Schritt zum Unternehmertum ist möglich – genau dies leistet die Universität Witten/Herdecke durch ihr freiheitliches Studium. So schafft sich jeder seine eigene Struktur und wird im positiven wie auch im negativen auf deren Konsequenzen zurückgeworfen. Den letzten der ersten Schritte kann dabei jede Person immer nur für sich selbst gehen…

13. Lehrveranstaltungen

Vier Jahre sind hier gegenübergestellt: 1993, 2001, 2006 und 2010. Was hat sich geändert in der Lehre, was erhalten? Von 2001 an ist das Angebotsspektrum größer geworden. Sprachen werden natürlich weiterhin gelehrt, aber nicht mehr im Fakultätskanon. Eine gewisse Tendenz zu institutionenökonomischen Fragen ist erkennbar, und eine abnehmende zur Systemtheorie.[1]

Sommersemester 1993	**Sommersemester 2001**	**Sommersemester 2006**	**Sommersemester 2010**
Wirtschaftsstatistik	Statistik I	Organisationstheorien	Angewandte Unternehmensführung: Systemtheorie der Familienunternehmen
DV-Workshop	Mathematik für Wirtschaftswissenschaftler II	Verhalten in / von Organisationen	Institutionenökonomik
Wirtschaftstheorie II	Grundzüge der Volkswirtschaftslehre II	BWL der Familienunternehmen	Beratungsseminar Gesundheitswirtschaft
Theorie des Internationalen Managements II	Interes Rechungswesen	Unternehmensberatung	Wachstum und Innovation in offenen Volkswirtschaften
Finanzierung	Grundzüge der Betriebswirtschaftslehre II, Organisation und Führung	Strategic Management	Grundlagen der Mikroökonomik II

[1] Nebenbei: die Wirtschaftsfakultät war Ende der 90iger-Jahre die einzige, und damit auch größte, Fakultät mit systemtheoretischer Kompetenz (Baecker, Hutter, Wimmer, Simon + Assistenten). Das war nicht spannungsfrei, aber wurde auch nicht in dem Maße genutzt und propagiert, wie wir es hätten tun können. Danach gab es eine neoklassische Revision (Frick als Dekan), die sich jetzt aber in Richtung *institutional economics* (in VWL wie in BWL) ausbalanciert.

Unternehmens-risiken	Grundzüge der Betriebswirt-schafslehre IV: Logistik und Marketing	Corporate Governance	Geld und Währung
Grundlagen der Human- und Kulturökologie	Recht für Wirtschafts-wissenschaftler	Doktoranden-seminar	Grundlagen der realen Außenwirtschaft
Entwicklungs-politik in Europa	Systemtheorie der Organisation	Strategisches Konflikt-management	Wettbewerbspolitik
Börsenclub	Spencer-Browns „Gesetz der Form“, mit Anwendung auf Organisation und Management	Personalent-wicklung und organisatorischer Wandel	Coaching für Gründer und Nachfolger
Wirtschafts-mathematik	Diplomanden- und Doktoranden-kolloquium	Statistik	Consumer Behavior
Kapitaltheorie	Theorien der Wirtschaftspolitik	Wirtschaftethik	Corporate Citizenship
Einführung in die Systemtheorie	Ökonomische Politikberatung	Methoden der Problemstrukturie rung / Investition und Finanzierung	Corporate Governance & Unternehmesethik
Zum Theorie-verständnis der Betriebs- und Volkswirtschafts-lehre	Theoriegeschichte: die öster-reichische Schule	Corporate Finance	Corporate Governance – Führung, Über-wachung und Prüfung dt. Unternehmen im internationalen Vergleich
Moderations-training	Cyberlaw und die New Economy	Entrepreneurial and Financial Decision Making	Corporate Social Responsibility II: Theoretische Konzeptionen und praktische Anwendungen

Unternehmens-ästhetik	Management-reflexion: Die Strategieindustrie I	Organisation von Industrieunter-nehmen (Fertigung, Logistik)	Das strukturelle Risiko in Familien-unternehmen managen
Global Marketing	Management-reflexion: Trends in der Beratung	Kapitalmarkt-organisaiton	Der deutsche Corporate Gover-nance Kodex: Grundlagen, Einzel-bestimmungen, Akzeptanz
Europäische Wirtschaftspolitik	Constitutional Economics: Politische Ökonomik auf höchstem (Rechts-) Niveau mit Fallbeispielen	Capital Market Products – Commodities, Exotics & Structure	
Rechnungswesen	The Fairness of Markets	Financial Decision Making: Corporate Finance Con-sulting-Berater-praxis bei KMU-Unternehmen	Die Bedeutung von Werten und Wert-erhaltung der Familie für das Familien-unternehmen – ein Blick aus psycho-logischer, rechtlicher und moralischer Sicht
Theorie der Institution II	Institutioneller Wandel im Sozialstaat	Rechtliche Aspekte der M&A	Discussions on Management Accounting and its Instruments
Unternehmens-politik IV	Die ethische Bewertung einer Fusion	Gesetzliche Schutzrechte für Unternehmer	Doktoranden-kolloquium
Umternehmens-führung IV: So-zialwissenschaft-lich orientierte Theorie der Unter-nehmensführung	Internationale Wirtschafts-beziehungen III: Kapitalströme und transnationale Unternehmen	Summer School on Social Banking and Finance	Einführung in Theorie und Praxis der Wirtschaftspolitik

Sustainable Development	Internationale Wirtschafts-beziehungen IV: Das internationale Währungssystem und Währungs-risiken		Externes Rechnungswesen
Wirtschaftstheorie IV	Théorie de la regulation	Grundlagen der BWL IV	Finanzbuchführung
Wirtschafts-wissenschaftliche Politikberatung	Kulturver-gleichende Wirt-schaftsforschung	Strategisches Marketing	Gesundheitssystem-management
Internationale Wirtschafts-beziehungen II	Kooperation in der Wirtschaft I: Produktion und Technologie-entwicklung	Einführung in die Grundlagen der statistischen Datenanalyse mit SPSS	Gewerbliche Schutzrecht für Unternehmer
John Maynard Keynes' "General Theory"	China und die WTO	Economics of East Asian Business II: Chinese Economic Policy	GründerWerkstatt
Unternehmens-führung II	Ausgewählte Probleme der chinesischen Wirtschaft	Diversitiy Management: Leading a Diverse Work Force	Gründungs-management
Unternehmens-politik II	Ausgewählte Probleme der japanischen Wirtschaft	Einführung in vergleichende Wirtschafts-forschung	Gruppendynamische Trainingsgruppe
Wirtschaftspolitisc he Steuerung II – Ausgewählte umweltpolitische Fragen	Ostasiatische Lebenswelten II (China)	Makroökonomik II	Industrielle Fertigung, Logistik und Organisation
Rationalität	Ostasiatische Lebenswelten II (Japan)	Theorie Europäischer Integration (Global Systems Competition, Part I)	Innovations-managment

	Wirtschafts-politische Konzeption des Sachverständigen-rates	Grundlagen der realen Außen-wirtschaft: Int. Handel	Instrument und Systeme des Controlling
Sprachen:	Interkulturelle Kompetenz für den Umgang mit Afrikanern	Theorie Europäischer Integration	Interne Unternehmens-rechnung im Konzern
Japanisch	Investment-analyse: Instrumente und Praxis	Economics of East Asian Business Part II: Japanese Economic Policy	Introduction to the Philosophy of Mind
Englisch	Post Merger Management (Einführung in Mergers & Acquisitions II)	Entwicklung wirtschaftlicher Systeme – Teil 2: Konzepte und Modellierungen	Investition und Finanzierung
Französisch	Kapitalmärkte II	Innovations in the Medical Industry	Kapitalmarkt-organisation
Italienisch	Corporate Governance	Global Macroeonomic Analysis	Kapitalmarktprodukte – Commodities, Exotics and Structures
Russisch	Instrumente des Controlling: Pla-nungsrechnungen und -systeme	Evolution in Firmen und Industrien	Kollektivgüter: Probleme und Lösungen aus der der Ökonomik und politischen Philosophie
Spanisch	Risiko-management	Economics of East Asian Business II: Chinese Business Organization/ Chinesische Ver-handlungskultur	Kolloquium Nachhaltiges Wirtschaften

Unternehmens-nachfolge	Economic Principles: Markets and Institutions II	Kolloquium zu BA/MA-Arbeiten
Unternehmens-steuerrecht	Systemtheorie der Wirtschaft	Konzernrechnungs-legung
SAP R/3 Teil 2: Controlling mit SAP R/3	Profilcoaching	Management in der Krise
Strategisches Management I: Strategische Frühaufklärung	Angewandte Spieltheorie	Marketplace Drama
Marketing I: Marktanalyse und Marketing-strategien	Ökonomie der Information	Mathematische Optimierung in der Ökonomie
Electronic Business Seminar	Limits of Capitalism	Investments and Portfolio Managemet
Umwelt und Logistik	Grundlehren des Zivilrechts I	Methodolgy of Economics
Formen der Unter-nehmensberatung	Kreditsicherungs-recht	Europäische Makroökonomik
Unternehmens-gründung und Wachstum – Her-ausforderungen in sich dynamisch wandelnden Märkten	Gesellschaftsrecht	Global System Competition II – The Political Economy of East Asian Regionalism
Kunstökonomi-sches Seminar	Kartellrecht	Advanced Macroeconomics
Einführung in die Systemtheorie (Fortsetzung)	Unternehmens-steuerrecht I	Nachhaltigkeit auf Unternehmens- und Produktebene
Kommunikation mit Parasiten	Grundzüge des kollektiven Arbeitsrechts	Netzwerktheorie: Ökonomie und Soziologie

Gruppendynamische Trainingsgruppe	Gewerbliche Schutzrechte für Unternehmer	Nichtökonomische Ökonomie: Gaben, Reziprozität, Schenkungen
Hegels Philosophie des Rechts	Corporate Finance Consulting	Organisation & Unternehmensführung
Kommunikation und Ökonomie	Wissenschaftstheorie der Sozialwissenschaften	Philosophy of the Social Sciences
Dialogkompetenz für transkulturelle Kommunikation	Law and Economics	Psychologie der Führung
Einführung in den Dialogprozess II	Organisation und Entscheidung	Reflexionsmodul Mentorenfirmen
Akteure und Konzepte der Nachhaltigkeit	Soziale Kompetenz: Abenteuer Kommunikation	Soziale Kompetenz I – Grundlagen der Kommunikation
Das Ruhrgebiet – von der Kohle zur Solarzelle	Psychologische Aspekte der Nachfolge in Familienunternehmen	Soziale Kompetenz: Systemische Interventionen und Leadershipskills
Sozial verantwortlich investieren	Zukunftsbewältigung in Familienunternehmen	Sozialkapital aus ökonomischer Perspektive
Gentechnologie: Anwendungsfelder und Problempotenziale	Gruppendynamische Trainingsgruppe	Statistik
Entwicklungspolitik	Incentives & Incentive Systems	Strategieentwicklung in Familienunternehmen

Einführung in die Ökobilanzierung	Instrumente des Controlling: Koordinations-rechnungen und -systeme	The Social und Cognitive Construction of Markets
Umwelt-management II	Health Care Controlling: Koordination	Theoriegeschichte der Ökonomie: Hegels Rechtsphilosophie
Coaching für Mentorenfirmen-studierende	Externes Rechnungswesen	Theorien der Corporate Governance
Klub der Partner-unternehmen – Investor Relations der Universität	Internationale Rechnungslegung	Theorien der Arbeitsmärkte und Arbeitslosigkeit
Coaching für Unternehmens-gründer	Wissens-management	Unternehmens-steuerrecht I
	Arbeitsmärkte im internationalen Vergleich	Venture Business Planning
	Wirtschaftspoliti-sche Institutionen und Strategien im Vergleich	Wirtschafts-privatrecht I
	Sustainable Economy	Wissensmanagement
	Nachhaltigkeits-kommunikation	Workshop Profilcoaching

14. Eindrücke und Erinnerungen aus der Frühgeschichte der Fakultät: Zeitalter der Titanen – Stoff für Legenden

Sabine Bohnet-Joschko / Birger P. Priddat

Ekkehard Kappler
läutet zum Abschied aus dem Dekanat an der Drehorgel eine neue Ära ein...

Ulla Eh
behält die Übersicht. Sie fehlt uns...

Kirein Franck
spricht in der VV...

Konrad Schily
beschreibt es so: „Die Universität Witten/Herdecke ist eine Veranstaltung von Menschen, die zur Gründung geschritten sind, um etwas in der Gesellschaft zu tun..."

Claus-Otto Scharmer
doziert über Ästhetik als Kategorie strategischer Führung...

Ulrich van Suntum
bringt seinen Hund Uli und die aufgeklärte Neoklassik in die Fakultät...

Katrin Käufer
und schon kommt die Erinnerung an rauschende Feste in der Ruhrvilla, Quiche Lorraine, „Alexis Sorbas" im Garten ...

Gerd Walger
hinterfragt. Und stellt klar: „Kritik ist keine Chance, sich zu distanzieren."

Jörg Hogen
bleibt uns in Erinnerung…

Michael Bleks
erzählt Lagerfeuergeschichten von der Löwenjagd in Namibia…

Josef Maria Häußling
Jurist, Philosoph, wissenschaftlicher Geschäftsführer, Europäer …,
fragt auch mal: „Haben Sie gedient?"

Michael Hutter
hält den großen Inbus-Schlüssel zur Steuerung der Fakultät in Händen (und trägt immer ausnehmend schöne Socken!)…

Matthias Merz
bringt die trockensten Sprüche (Sixpack in der Hand) …

Uwe Gerecke
streitet mit Priddat für Luhmann gegen Rorty …

Michael Anders
kann richtig gut jonglieren – sogar mit Fackeln!

Blanche Komerell
im Kreis ihrer Getreuen von der Theatergruppe wie eine Zauberin…

Andreas Kühling
ruft zur Mega-VV auf …

Claudia Meister-Scheytt
wieviel Rouge passt auf zwei Lippen …

Uwe an der Heiden
erklärt die Chaostheorie…

Reinhard Penz
findet Veblen noch interessanter als Darwin …

Carsten Herrman-Pillath
öffnet die Fakultät für das Land des Lächelns …

Werner Schulz
muss sich nicht alles anhören …

Bernd Wirtz
jede Woche zehn neue Doktorarbeiten …

Dirk Schiereck
beim Co-Teaching zum Thema „Grünes Geld" für das Geld zuständig …

Mark Wahrenburg
erfindet täglich vor dem Frühstück mindestens ein Derivat …

Claudia Werth
sagt, wo es lang geht …

Herrmann van Bömmel
der liebenswerte Umstandskrämer …

Stefan A. Jansen
war einfach immer besser …

Dirk Baecker
nüchtern weit über den Verstand hinaus …

Donna Hemsley
trägt Luhmann in King's English vor …

Wolfgang Benkert
mit der Pfeife unterm Rauchmelder, bis die Feuerwehr kommt …

Claus Jacobs
von dem jeder dachte, er ginge in die Politik ….

Heman Agrawal
ein deutscher Inder und sein Frauenbild …

Franz Liebl
verteilt beim Vortrag Kondome und referiert die BWL zum belgischen Sado-Maso-Film (hardcore!) …

Mazdak Rafaty
bietet in der Cafeteria persische Köstlichkeiten an …

Mark Markowksi
LACHT wie kein anderer …

Jutta Kleinheisterkamp
diente in 9 Jahren (2001 – 2010) unter 7 Dekanen – 2x Hutter, Benkert, Lange, Frick, Armbrüster, Kirschbaum, Sauerland …

Fritz Simon
stellt uns die Aufgabe: „Stellen sie sich einmal vor, wie wären eine private Universität“ …

Jean Cocou Kpade
spricht zunächst nur französisch …

Christian Backes
macht sein Praktikum bei Schlingensief …

Wendelin Küpers
muss kluge Sätze nicht beenden …

Knut Werner Lange
stellt auf seinen Schreibtisch den Leopard II …

Frank Fernholz
machte das schnellste Diplom (2000 – 2003) und die schnellste Dissertation (2003 – 2004), alles natürlich 1,0 und summa …

……….

……….

………..

15. Didaktische Leitlinien Witten/Herdecke: educational governance and self-governance

Eine persönliche Skizze

B.P. Priddat

Bildung bildet: den Menschen. Ausbildung hingegen bildet aus: einzelne Aspekte, einzelne Kompetenzen. Wenn wir vergessen, daß es bei der Bildung um den Menschen geht, wenn wir nur ausbilden statt bilden, verschenken wir **Potentiale.**

Bildung ist nicht nur ein Humboldtsches Ideal (als deutsche konservative Dimension), sondern eine Anforderung in hypermodernen dynamischen Wissensgesellschaften: **Entfaltung der Potentiale** (als europäische avantgardistische Dimension).

Dazu gehören **Wissen**, **Verstehen**, **Können**, aber auch **Selbsterkenntnis**, **Eigensinn** und **Verantwortlichkeit**. Wenn einer/eine nur versteht, was er/sie kann, aber nicht weiß, was er/sie nicht kann, ist er/sie nicht gebildet. Er/sie weiß so nicht, worauf er/sie sich einlassen kann. Seine/ihre Navigationsfähigkeit wäre dann unterentwickelt. Bildung heißt: sich ein Bild von sich machen können (aber auch: Andere sich ein Bild von sich machen lassen können darüber, was man kann, was man ist, wie man sich verhält .... Vor allem: wollen können).

Weil **Bildung ein Prozeß** ist, der mit dem Zeugnis/Zertifikat nicht beendet sein wird, sind Bildungsverträge relationale, unvollständige Verträge: sie aktivieren ein Potential, machen ‚reich', entfalten Überschüsse, öffnen Optionen, die erst im weiteren Leben und Arbeiten ‚fruchtbar' werden. Bildung ist ein Prozeß der ständig neuen Selbstbeschreibung, der einen in die Lage versetzt, neue Weltbeschreibungen zu leisten.

Bildung ist also vornehmlich ein kritischer Prozeß: Zweifel und Positionierung, höchste Produktivität und Scheitern, Krisis und Überzeugung und Urteilskraft.

Bildung muß offen sein, also unvollständig bleiben, um all das Neue, das sich in dynamischen Wissensgesellschaften entfaltet, aufnehmen und gegen Altes aussortieren zu können. Deswegen ist es wichtig, Lernen zu lernen, da die Universität etwas disponiert, was später von den Alumni selbständig geleistet werden muß: sich weiter bilden.

Die Universität bietet eine Infrastruktur des Denkens; denken aber muß jeder selber: mit der Universität, aber vor allem: ohne sie – in Selbständigkeit, Urteilsfähigkeit, Autoirritation und Überzeugungskraft.

Generell ist es die Fähigkeit, „Wissen immer wieder neu zu erwerben, für bestimmte Situationen zu interpretieren, mit anderem Wissen zu verknüpfen, von einer Situation auf eine andere zu übertragen und in sozial und institutionell strukturierten Kontexten zur Anwendung zu bringen“ (Weiler / Bensel / Heuer / Spieß / Wagner 2003: 44).

Die Paradoxie der Wissensgesellschaft, mehr Wissen zu lehren, das im Laufe dieses Lehrens/Lernen bereits überholt wird durch anderes, neueres Wissen, kann nicht über Lernsteigerungen behandelt werden, sondern eher über Senkung der Wissensaneignungsüberlast, um dafür **Navigationsfähigkeiten** auszubilden, in allen künftigen Wissenswelten flug- und landefähig zu bleiben. **Lernenlernen ergänzt Lernen**, wird zur **Kompetenzkompetenz**.

Folglich ist die Art und Weise, wie sich Bildung vollzieht, ein entscheidendes **Medium** für ihr Gelingen. **Methodik & Didaktik bilden eine Lern-Arena**, in der Studenten an sich selbst arbeiten lernen = sich bilden können.

Studenten lernen, und sie lernen, wie sie lernen. Nicht durch Extrakurse, sondern in den Seminaren. Die Grundform einer Lernarena ist der Diskurs. Im Diskurs (und durch andere Methoden) lernen sie, zu lernen – und zwar 1. selbständig, 2. mit anderen zusammen (*teams*) und 3. in Oszillation mit den Dozenten (die, da sie nicht mehr vornehmlich *dociren*, besser anders genannt werden: *superviseurs d'education* oder *kybernetikoi*).

Nicht was der Dozent den Studenten beigebracht (geliefert) hat, entscheidet über den Erfolg eines Seminars, sondern was die Studenten verstanden und sich erarbeitet haben. Deshalb stellen wir die Universität **von Lehre auf Lernen** um.

Diese *customer orientation* ist nicht nur durch den Bologna-/Berlin-Prozeß in Europa gewollt, sondern die Voraussetzung jedwelcher Bildung. Der Bologna-Prozeß leitet eine notwendige Korrektur ein, die aber dann verspielt wird, wenn man die *curricula* homogenisiert und fachschulisch zuschneidet. Die Studenten sollen in jedem **Seminar** die Chance haben, ihr Thema zu bearbeiten – im Kontext der Theorien, die das Seminar behandelt. Das setzt voraus, daß alle Prüfungsformen erlaubt bleiben: ***in free choice by the students***. Und in freier und individueller Absprache zwischen Student und Dozent. Wir nehmen den Bologna-/Berlin-Prozeß ernst: als ***educational governance and self-governance***.

Dazu sind verschiedene Formen der Wissensaufbereitung möglich und nötig: in Abwechslung innerhalb der Seminare und als verschiedene Formen: Seminare, Vorlesungen, Kolloquien, Projektgruppen, Arbeitsgruppen, Lesezirkel, etc. Die Wahl der Form der Wissensaneignung ist nicht von vornherein durch Lehre dominiert. Intensive Einzelbetreuung (*tutoring* wie in Cambridge, Oxford) mit hohen Lektüreanteilen und studentischer Selbständigkeit ist ebenso möglich wie klassische Vorlesungen und studentische *working groups*. Ausgeschlossen sind lediglich Formen der Wissenslieferung, die die Kooperation der Studenten minimieren (Folien mit *low intellectual issues*, vorgefertigte Abfragen, schematische und irritationsfreie Texte etc.).

Studenten haben ein Recht darauf, hochwertig angefordert zu werden. Wozu sind sie sonst hier? Nur dann kann ihre intellektuelle Neugierde evoziert werden. Sie lernen erst hier, was sie nicht wissen.

Vorlesungen sind sinnvoll, wenn sie freie längere Gedankenspiele sind, die große Linien des Denkens ausbreiten, irritieren und sinnverstehend nachvollziehen lassen. Hier kommt es wesentlich auf die Architektur des Denkens und auf die Qualität der Rhetorik an. Rhetorisch Unbegabte sollen keine Vorlesungen halten. Vor allem ist es intellektuell fahrlässig, einfach etwas vorzulesen, was man besser selber lesen könnten: sei es aus Skripten, sei es aus Büchern, sei es von Folien oder aus einer *power-point-presentation* (*presentations* sind keine Vorlesungen. Man muß es können, aber eher in Kolloquien anwenden, oder aber im Praxis-Kontext).

Die Grundform sind **Seminare**. Jedes Seminar ist ein Projekt. Dozenten sind Projektmanager. Studenten arbeiten für das Projekt: nicht nur für sich, auch für andere. Protokolle fassen zusammen, sind gute Einleitungen für das nächste Seminar. Kurze Impulsreferate leiten in den nächsten Text ein. Alle sind vorbereitet auf der Basis von Texten.

Diese Form der Schriftlichkeit sollte eine Standardform werden: 1 Seite (nicht mehr / nicht weniger). Max. 1 Seite ist das Standardformat in Wirtschaft und Politik – fast die einzige Form, in der später geschrieben und vor allem: gelesen wird. Das muß geübt werden. Auch Referate als 1 Seiten-Vorlagen: jeder Text hat eine *quintessentia*, die sich kurz darlegen läßt (oft nur einen, dann aber einen entscheidenden Satz).

Seminare arbeiten mit Texten. Sie werden in einem Ordner oder ge*scannt* vorgegeben. Die Literatur sollte 1. Orginalliteratur und 2. intellektuell anfordernd sein. Lehrbücher können nur begleiten, nicht die Texte ersetzen (das unterscheidet eine Universität ...). Zudem sollten auch Orginalbücher verarbeitet werden.

Jeder Student soll eine Jagdstrecke von mind. 1 Meter Bücher im Regal haben am Ende des Studiums. Das ist *an European minimum*!

Seminare arbeiten diskursiv. Man sitzt im Kreis, in einer Reihe (jede 2. Reihe lädt ein zur Inaktivität; damit ist geklärt, wie groß die Gruppen optimal sein sollen: 7 – 15). Die Seminarräume müssen die Flexibilität der Umgruppierungen des Sitzens ermöglichen. Die Moderation ist entscheidend (hier sind diverse Formen zu verwenden – im didaktischen Experiment).

Seminare sind Bildungsarenen sui generis: sie bilden soziale Dynamiken und Kompetenzen aus: Zuhören; warten, bis man an der Reihe ist, sich zu äußern (Geduld); Klarheit des Arguments; Redlichkeit des Begründens; Bezugnahme zur Argumentation der anderen; die Fähigkeit, angeregt zu werden; sympathetische Vergleiche; etc.

Kolloquien sind nicht nur für Wissenschaftler nötig, sondern auch für Studenten eine gute Form, wenn sie längere Arbeiten geschrieben haben, die sie im Kolloquium vortragen und gemeinsam erörtern (die *thesises*).

Die Freiheit der Wahl der Wissensaneignungsformen geht einher mit der Freiheit der Wahl der Prüfungsformen. Unsinnige Relationen ausgeschlossen, und in Hinblick darauf, daß keine Einseitigkeiten entstehen, sondern *good educational mixes*, bekommen die Studenten eine *carte de menue*, auf der sie ihre *quanta* an Hausarbeiten, Klausuren, Referaten und mündlichen Prüfungen abtragen.

Welche spezifischen Formen der Interaktion und Oszillation in den Lern-Arenen angebracht sind, bedarf besonderer Schulung, die die Universität Witten/Herdecke University ihren Dozenten anbietet. Es geht vornehmlich um hohe Sensibilität für die Qualität der Veranstaltungen. Die Veranstaltungen sind die Generatoren des *human capital*, dessen *asset-specifity* die UW/H vor anderen hervorheben soll.

Wissen generiert als Wissen nur dann Mehrwert, wenn es nicht-kopierbares Wissen ist. Kopier- oder imitierbares Wissen ist, wegen des übermäßigen Angebots, weniger wert. Denn in einer Wissensgesellschaft, in der viel mehr Bürger als bisher in ständigen Wissensprozessen sich bewegen, ist nicht das Wissen wert, sondern die Differenzierung des je eigenen Wissens von den anderen Wissen. Wissensgesellschaften sind *societies of divided knowlegde*. Es geht dann nicht mehr darum, was man generell wissen soll, sondern darum, was man je individuell weiß – in Differenz zu anderen, die andere individuelle Zuschnitte des Wissens haben: **individually designed knowledge**. Aber anschlußfähig, hoch kommunikabel und in snythetischer Absicht: *to know how and to know why.*

Zuletzt: Das Studium fundamentale als Bildungsträger für alle Fakultäten ist ein zentraler Ausbildungsbestandteil der Universität. Hier diskutieren Studierende aller Fakultäten miteinander in allgemeinbildenden Seminaren: Geschichte, Philosophie, Literatur, Musik, Politik, Kunst. Die humanistische Allgemeinbildung reicht für moderne Wissensgesellschaften heute aber nicht mehr aus, weil sie **die modernen Wahrnehmungs- und Kognitionszusammenhänge** nicht umfasst. Alle Studierenden werden am erheblichen wissenschaftlichen Fortschritt punktuell beteiligt, um ihren Horizont zu modernisieren: alle Studierende erhalten Kenntnisse in System- und Komplexitätstheorien, werden in die Grundlagen kognitiver Forschung, in Netzwerktheorien und in die moderne Bildwissenschaft eingeführt. Auf diesem Fundament gelingt es, übergreifende Themen und Zusammenhänge zu erfassen und Zugänge zur Interdisziplinarität zu bekommen. Das so erweiterte Studium fundamentale ist ein neues Bildungskonzept für die modernen dynamischen Wissensgesellschaften, das jedem Studenten – unabhängig von seinem Fach – zugängig ist.

16. Preise und Auszeichnungen

Die Fakultät hat viele Preise gewonnen: viel mehr von Studenten als von Professoren und Assistenten – eine schöne Bilanz.

Studenten

1998	Studienstiftung des deutschen Volkes	Theodor Fontane Preis	Gewinner
1999	A.T. Kearney	The Contest	Finalist
2000	A.T. Kearney	The Contest	Gewinner
2000	McKinsey	CEO of the Future	Gewinner
2002	McKinsey	CEO of the Future	Gewinner
2003	A.T. Kearney	The Contest	Gewinner
2003	L' Oréal	Brandstorm	Sieger – nationales Finale
2003	L' Oréal	Brandstorm	#3 – internationales Finale
2004	A.T. Kearney	The Contest	Finalist
2005	A.T. Kearney	The Contest	Finalist
2005	Körber Stiftung	Ideenpreis des Transatlantischen Ideenwettbewerbes Usable	
2006	Darden School	Darden European Case Competition	Gewinner
2006	Deutschland – Land der Idee	Ausgewählter Ort	
2006	L' Oréal	Brandstorm	Sieger – nationales Finale
2007	A.T. Kearney	The Contest	Gewinner
2008	L' Oréal	Brandstorm	Innovativste Produktkonzeption
2008	National Model United Nations		Honorable Mention

2009	oikos Germany	Bachelor Thesis Award	Gewinner
2009	SPD	Fortschrittspreis	Gewinner
2009	VDI	VDI- Förderpreis	Gewinner
2010	Bond University, Queensland, Australien	Faulkner Award for market research	2 Gewinner
2010	ERP (European Recovery		
2010	L' Oréal	Brandstorm	McCann Erickson Kreativitätspreis
	Nachhaltigkeitsrat der Bundesregierung	Facing Sustainability Award	Publikumspreis
	oikos International	Award for Student Entrepreneurship in Higher Education	
	Program)-Stipendien-programms der Studien-stiftung des deutschen Volkes		2 Stipendien
	UN	UN Dekade „Bildung für nachhaltige Entwicklung“	Auszeichnung
	Verband liberaler Akademiker	Arno-Esch-Preis	Gewinner

Preise – Professoren

1995	Hermann und Marianne Straniak Stiftung	Straniak Preis für Philosophie
1996	Thyssen Preis für Sozialwissenschaften	2. Preis
1997	Wolfgang Ritter Stiftung	1. Preis
1998	Institut der Deutschen Wirtschaft	Max-Weber Preis für Wirtschaftsethik
2000	Janssen-Cilag	Janssen-Cilag-Preis für Zukunftsarbeit (Medizin)
2003	Wittener Universitätsgesellschaft	Promotionspreis
2004	Hermann und Marianne Straniak Stiftung	Straniak Preis für Philosophie

17. Theatron Logou: mit wem die Fakultät sich unterhält

Das **theatron logou** ist von Studenten gegründet und betrieben; es waren immer Wirtschaftswissenschaftler dabei, neben Studenten anderer Fakultäten. Neben den Unternehmergesprächen lädt die Universität Persönlichkeiten des gesellschaftlichen und politischen Lebens zum Gespräch. Wir halten diese Öffnung für selbstverständlich – so wie wir das *studium fundamentale* für selbstverständlich erachten für ein gelingendes Studium.

WS 2001/2002

Prof. Dr. Dr. h.c. Hermann Lübbe: Modernisierung und Moralisierung. Über Selbstbestimmungszwänge

Prof. Dr. Dr. h.c. Eberhard Jüngel: Kirche und Staat in einer pluralistischen Gesellschaft

Geert Müller-Geerdes: Verdruss aus Überdruss. Die Medien am Ende der Spaßgesellschaft

Prof. Egon Bahr: Welchen Auftrag hat die NATO heute?

Prof. Dr. Dr. h.c. Hans-Peter Dürr: Naturwissenschaftliche Erkenntnis und Wirklichkeitserfahrung

SS 2002

Prof. Dr. Dr. h.c. Hans Küng: Weltethos – Weltreligion – Weltfrieden

Dr. Wolfgang Schäuble: Auf dem Weg zu einer europäischen Verfassung – Europa vor der Krise?

Dr. Klaus von Dohnany: Deutschlands europäischer Auftrag

Prof. Dr. Klaus Töpfer: Herausforderungen an eine globale Ökologie

WS 2002/2003

Prof. Dr. Dr. h.c. Rita Süssmuth: Der Einfluss von Globalisierung auf die kulturelle Identität

Prof. Dr. Dr. h.c. mult. Kurt H. Biedenkopf: Ein Jahrzehnt Deutsche Einheit – eine kritische Retrospektive mit Ausblick

WS 2004/2005

Dr. Michel Friedmann: Religionsfreiheit in Deutschland

SS 2005

Sabine Leutheusser-Schnarrenberger: Zuwanderung und Integration Deutschland

Dr. Günter Beckstein: Einschränkung der Bürgerrechte aufgrund von Terrorgefahr

WS 2006/2007

Prof. Dr. Meinhard Miegel: Demographischer Wandel in Deutschland

WS 2007/2008

Dr. Thomas de Mazière: Privat vor Staat – Ist es sinnvoll, den Standort Deutschland durch protektionistische Maßnahmen vor ausländischen Investoren zu schützen?

SS 2008

Gabriel Busquets Aparicio: Spanien als Tor Europas – Wie viel Zuwanderung braucht die Europäische Union?

WS 2008/2009

Abt Nissho Takeuchi: Wohin geht die Menschheit nach der großen Wende der Zivilisation?

Bischof Dr. Wolfgang Huber: Säkularisierung und Zukunft der Kirche

Dr. Heike Spieker und Dr. Tankred Stöbe: Grenzen für „Ärzte ohne Grenzen“ – Warum humanitäre Hilfe immer frustrierend ist

SS 2009

Fr. Thomas D. Williams LC: Warum brauchen wir Moral?

Franz M. Haniel: Der ehrbare Kaufmann

Cem Özdemir: Wie werden Deutsche zu Europäern?

SS 2010

Sahra Wagenknecht: Deutschlands intellektuelle Zukunft

Dr. Citha D. Maass und Dr. Tankred Stöbe: Humanitäre Hilfe in Afghanistan

18. Epilog – Ideen

Die hier skizzierten Karrieren unserer Absolventen in Wissenschaft und Praxis, die Auszeichnungen, die die Fakultät erhalten hat und auch die Ergebnisse in vielen Rankings zeigen, dass die ersten 25 Jahre der Fakultät für Wirtschaftswissenschaft sehr erfolgreich waren. Aber die Zeiten ändern sich – und mit ihnen die Herausforderungen, vor denen die Fakultät heute steht.

Das bisherige innovative Konzept und die Umstellung des bewährten Diplom-Studiengangs Wirtschaftswissenschaften (mit der bekannten Parallelität von VWL- und BWL-Inhalten und einer Unternehmer- und Managementbetonung) auf das Bologna-Format eines breit angelegten, konsekutiven Bachelor- und Masterprogramms (Business Economics und General Management) reichen in einem Umfeld verstärkter Konkurrenz privater (und staatlicher) Hochschulen nicht mehr aus, um auch künftig erfolgreich zu bleiben und unseren Spitzenplatz unter den deutschen Wirtschaftsfakultäten zu erhalten.

Diese neuen Herausforderungen nehmen wir an. Die Fakultät will geschlossen in einen Strategieprozess gehen, dessen Umsetzung die nächsten zwei bis drei Jahre umfassen wird. Dieser Prozess soll die konzeptionelle Autonomie der Fakultät stärken, vor allem aber einen wesentlichen Teil unserer Beziehungskultur: die vertrauensvolle Zusammenarbeit zwischen Studierenden und Kollegen ebenso wie die der Kollegen untereinander. So wollen wir die Partizipation in der Organisation und transdisziplinäre Zusammenarbeit in Forschung uns Lehre stärken.

Als Fakultät der ersten deutschen Privatuniversität hatten wir schon bei der Gründung autonomiestärkende und innovative Institutionen eingerichtet, die staatliche Universitäten damals (noch) nicht kannten: Dazu gehörte eine gemeinsame Vollversammlung der Fakultät (Professoren, wiss. und andere Mitarbeiter, Studenten), die gewisse Interventionsrechte in die Fakultät hatte. Wir hatten (und haben) einen reinen Seminarbetrieb, keine Vorlesungen. Wir arbeiten und diskutieren mit unseren Studenten in kleinen Gruppen. Unsere Studenten können unmittelbar und jederzeitig mit den Professoren und Assistenten kommunizieren. Unsere Studiengänge und Inhalte haben eine starke Praxisorientierung (Mentorfirmenkonzept, selbst organisierte Wirtschaftspraktika weltweit etc.), die aber als Spannungsverhältnis von Theorie und Praxis konzipiert ist (z.B. mit Seminaren zur Reflexion der Praxiserfahrungen, d.h. theoretischer Einschätzung der Praxis). Es gibt die Möglichkeit des Konferenzstudiums, d.h. Studenten organisieren zu einem relevanten Thema eine (internationale) Konferenz und publizieren deren Resultate. Wir bieten unseren Studenten die Möglichkeit, Seminare selbst zu organisieren. – mit selbst gewählten Dozenten. Das Studium fundamentale ist integraler Bestandteil unser Studiengänge (10% des Studiums, eingebaut in die Studien- und Prüfungsordnung), und wir haben damit hervorragende Erfahrungen gemacht. Soziale und organisatorische Kompetenzen werden nicht in gesonderten Veranstaltungen, sondern in praktischer Anforderung entwickelt (eigene Konferenzen, eigene Projekte, etliche Unternehmensausgründungen, *social entrepreneurships* – gleichsam als mitlaufende informelle Norm). Wir haben im Bachelorstudiengang Business Economics für das erste Semester die GründerWerkstatt eingerichtet, in der beste *Business*-Planungen nicht nur prämiert, sondern in der Realisierung gefördert werden. Dieses Format ist mehrfach ausgezeichnet worden. Wir haben *independent studies* als Prüfungsform eingerichtet: Studenten, die sich ein eigenes Thema erarbeiten wollen, können, in Kooperation mit einem Professor, dafür *credits* und Zensuren bekommen. Es geht darum, sich in eigne Themen qualifiziert und qualifizierend vertiefen zu können („make Your study!“). Mit den Unternehmergesprächen und dem Theatron Logou haben wir Kontakt- und Diskussionsforen mit Unternehmern und Managern entwickelt.

Nicht alle diese Formate haben bis heute Bestand; es gibt immer wieder neue Ideen. Die Fakultät hat einen Geist entfaltet, der wesentlich auf Kooperation, Selbstorganisation und innovativer Neugier beruht. In den Seminaren hat sich eine hohe Diskurskultur entwickelt, mit hohem studentischem Selbstbewusstsein. Diese informellen Institutionen neu zu entfalten, sie aber auch organisatorisch zu stützen und eine strategisch gewollte engere Kooperation zwischen Studenten und Kollegen zu erlangen, ist das Ziel der nächsten Jahre.

Private Universitäten stehen noch stärker im Markt als staatliche. Bewerber sind heute durchschnittlich durch mentale Bilder von *Business Schools* geprägt, während die Fakultät einen Humboldtschen Standard pflegt, der (kurz gefasst) Bildung statt Ausbildung bedeutet und besonderen Wert auf die Bildung von Urteilskompetenz und Persönlichkeitsentwicklung legt. Die bisherigen Studiendauer unseres Bachelor- und Master-Programms hat mit sechs bzw. vier Semestern unseren bewährten Bildungszyklus unterbrochen. Nicht nur in Witten ist man als junger Student erst nach zwei bis drei Semestern Studienzeit so weit, die eigene Entwicklung zu begreifen, und bewusst und intensiv selbständig zu studieren zu beginnen. In dieser ersten Hochphase geht das bisherige Bachelorstudium aber bereits zu Ende.

Die Autonomie, die die Fakultät ihren Studenten nicht nur gewährt, sondern ihnen ausdrücklich bilden will, muss dennoch didaktisch/methodisch neu strukturiert werden. Hier steht die Fakultät vor neuen Anforderungen. Ihr alter Anspruch lässt sich in den verkürzten Zyklen nicht mehr nach altem Modell verwirklichen.

Hierüber ist die Fakultät in einen Reflektionsprozess gekommen, anregt auch durch die Erfahrungen unserer Studenten: Welche *differentia specifica* wollen wir im Bildungsmarkt künftig bieten? Wie wollen wir das bewährte Profil auf die neue Konkurrenzlage hin schärfen? Und welche organisatorischen und inhaltlichen Maßnahmen nehmen wir dafür auf uns?

Private wie staatliche Hochschulen haben etliche unserer bisherigen innovativen Ideen übernommen (die Zeppelin University, die Leuphana, die Jacobs-University, St. Gallen sind einige Beispiele, aber auch – bei prinzipiell gänzlich anderer Ausrichtung, z.B. die WHU, EBS, HHL und Mannheim) und eigene neu entwickelt. Doch über gewisse Formen des *studium generale* kommt es oft nicht hinaus; die Wittener Idee des selbstorganisierten Bildungsstudiums bleibt ein wesentliches *asset* der Fakultät, das wir in eine zukunftsfähige Form bringen wollen.

Wir bauen in unseren strategischen Überlegungen auf einem großen Potential auf. Um unserem Anspruch an gesellschaftliche Relevanz unserer Studienangebote ebenso gerecht zu werden wie dem der fachlichen Exzellenz und der Persönlichkeitsentwicklung unserer Studenten benötigen wir einen großen und hochwertigen Pool an Bewerbern, die nicht auf schnellen Karrieredurchlauf optioniert sind, sondern den Anspruch, Wirtschaft in einem Bildungskontext zu studieren, bei uns hochwertig erfüllt bekommen. Wir wollen diesen Unterschied zu *Business Schools* als Marke ausbauen: unser Ansatz heißt Bildungskultur statt Turbostudium. Wir wollen unternehmerische Persönlichkeiten ausbilden, keine Managementkarrieristen. Kür geht vor Pflicht. Jeder soll auf seine Art studieren. Witten als Frage der Persönlichkeit.

Diese Autonomieanforderungen müssen verantwortungsvoll umgesetzt werden. Das bedeutet, eine engere Koordination zwischen und Kooperation mit den Studenten.

Einige Schritte haben wir in 2010 bereits unternommen: Um unseren Studenten wieder genügend Zeit für ein umfassendes Studium zu geben bieten wir seit dem Wintersemester 2010 die Möglichkeit eines achtsemestrigen Bachelorstudiums in Business Economics an. Nicht erst seit der Finanzkrise fragen wir uns, wie das Zusammenspiel von Wirtschaft und Politik sinnvoll organisiert werden kann – denn nur so lassen sich viele gesellschaftliche Probleme meistern. Wir haben daher einen neuen Bachelorstudiengang entworfen, der (auch in einer achtsemestrigen Variante) im Wintersemester 2010 starten wird: Philosophie, Politik und Ökonomik (genannt PPÖ).

Diesen Studiengang betreibt die Fakultät zusammen mit der Fakultät für Kulturreflexion, und er bringt eine wichtige Dimension unserer Re-Profilierung zum Ausdruck: einen breiten Bildungshorizont für später verantwortliche Entscheider zu schaffen. PPÖ folgt der Tradition Oxfords und ist, in dieser Diktion, in Deutschland noch einzigartig, besonders wegen der Politik-Konnotation von Philosophie und Ökonomie.

Parallel haben wir, aus unserem bekannten Wittener Institut für Familienunternehmer (WIFU) heraus einen Masterstudiengang für das Management von Familienunternehmungen entwickelt, der ebenfalls im Wintersemester 2010 startet.

Was kann unter diesen eigenen Voraussetzungen eine weitere Erhöhung der Autonomiefähigkeit bedeuten? Unsere beginnende Strategiediskussion hat bereits folgende Punkte aufgenommen:

1. Eine Wiederbelebung der studentischen Kooperation in der Fakultät. Organschaftlich (und laut Grundordnung der UW/H) ist die Fakultät durch Dekan, zwei Prodenkane und den Fakultätsrat definiert. Die Vollversammlung ist inzwischen zu einer eher studentischen Versammlung abgesunken. Wir wollen daher – völlig neu – einen Fakultätsvorstand etablieren, in dem ein Student und ein wissenschaftlicher Mitarbeiter ständige und gewähltes Mitglied sind. Planungsgruppen werden paritätisch besetzt. Der Fakultätsrat wird dafür verkleinert. Ziel: **Stärkung und Institutionalisierung einer engeren, verantwortlichen Kooperation zwischen Kollegen und Studenten durch neue Governance der Fakultät.**

2. Die Fakultät wird sich thematisch – in Forschung und Lehre – fokussieren. Dementsprechend bauen wir spezifische Schwerpunkte auf und aus: Das Thema Corporate Governance und Management – mit dem neuen Reinhard-Mohn-Institut für Unternehmensführung und Corporate Governance. Das Thema Familienunternehmertum und Entrepreneurship – mit dem Wittener Institut für Familienunternehmer (WIFU). Die Themen Wirtschaftsphilosophie und Institutionenökonomik sowie Gesundheitswirtschaft und Gesundheitssysteme – erstes in Kooperation mit der Fakultät für Kulturreflexion, letzteres in Kooperation mit der neuen Fakultät für Gesundheit. Und schließlich die Themen Konsumkulturforschung und Nachhaltigkeit. Das Thema Nachhaltigkeit liegt im Prinzip über allen Forschungsbereichen und wird darüber hinaus im Zentrum für nachhaltige Unternehmensführung (ZNU) bearbeitet. Die Gerüste stehen,

aber sie müssen jetzt lebendig werden. Ziel: **Konzentration der Fakultät auf wenige, relevante Themen.**

3. Die Fokussierung soll einen Impuls für die Reorganisation der Bachelor- und Masterprogramme geben: 1. in Form erhöhter Modularisierung und 2. insbesondere in neuen, ausgeweiteten Angebote von *minors* (im *diploma supplement* auszuweisen, gleichsam ein Schwerpunktstudium). Jeder Forschungsbereich aus (2) soll ein *minor*-Programm anbieten können. Ziel: **erhöhte Wahlfreiheit in den Studienprogrammen und Vermehrung qualifizierter Zusatzabschlüsse; gleichzeitig Forschung für die Lehre.**

4. Wir wollen damit die Wahlmöglichkeiten erhöhen. In einer späteren Phase sollen frei wählbare *minors* angeboten werden. Der Kern – die Pflicht- und Wahlpflichtfächer – bleiben unberührt; aber der Rest soll frei wählbar sein, um alte universitäre Qualitäten der Bildung zu reanimieren. Eine Universität kann keine Programmanstalt sein; „der Geist weht wo er will“ (Hegel). Ziel: **Wiederfindung der Universität als Universität**.

5. Generell überlegen wir, den Master in General Management (M.A.) zu dynamisieren: man ‚macht‘ dann keinen Master mehr, sondern lernte jährlich – nach einem verkürzten Masterstudiengang –, durch Blockseminare weiter hinzu, weil der Wissensumschlag erheblich ist: *dynamic capability*. Nicht mehr ‚Master haben‘, sondern ‚Master sein‘. Für den Basis-Masterstudiengang bekommt man weiterhin einen Hochschulabschluss, danach werden thematische Zertifikate angeboten. Vorteil: ständiges Nachladen von Wissen und Schärfung der Urteilsfähigkeit, Thematisierung von Erfahrungen der *Master on the job*. Ziel: **dynamische, wissensgesellschaftskonforme Abschlüsse. Keine Alumni mehr, sondern ‚permanent education‘.**

6. Auf dieser Basis wollen wir die Weiterbildung neu entwickeln: in die dynamischen Master-Böcke laden wir Berufstätige ein, die entweder einen dynamischen MBA erwerben, oder sich thematisch aufladen wollen. Vorteil: zusätzliche Erfahrungskompetenz, in Spannung gebracht mit neuester Theorie. Für die Fakultät bedeutet das: Erschließung neuer Studentenkohorten. Ziel: **intelligente und flexible Formen der Weiterbildung entwickeln.**

7. Die Fokussierung (2) ist ein transdisziplinäres Programm (in Lehre und Forschung). Hier betreten wir praktisch Neuland. Die guten Absichten reichen nicht; wir wollen diese Prozesse professionalisieren – durch Implementation von Erfahrungen gelungener Transdisziplinarität. Alle

Schwerpunkte sind transdisziplinär angelegt, z.T. in Kooperation mit den anderen Fakultät der UW/H. Man muss hier aber realistisch bleiben: vornehmlich dient die Transdisziplinarität der Lehre – hier werden die *minors* konzipiert und angeboten. Inwieweit die Forschung tatsächlich transdisziplinär wird, hängt von einzelnen Kollegen ab. Hier benötigen wir *scientific entrepreneurs*. Ziel: **Transdisziplinäre *minors* in der Lehre und neue Forschungsthematisierung, denn die meisten wichtigen Themen sind komplexer, als dass es nur eine Fachdisziplin zurichten könnte.**

8. Die Wahlfreiheit ist eine Anforderung für Studierende (heute mehr denn früher). Gerade in den ersten Semestern ist hier Unterstützung nötig. Ein rudimentäres *coaching* haben wir bereits, das gilt es zu professionalisieren. Ziel: **selbständige Studenten, aber Hilfe zur Selbsthilfe. Qualitätsmanagement dieser Studierform.**

9. Wir überlegen eine intelligente Form der Förderung unseres wissenschaftlichen Nachwuchses (z.B. PhD-Studies). Ziel: **freie Forschung, effizient koordiniert.**

10. Wir wollen die unternehmerischen Impulse verstärken. Viele Studenten haben bereits Firmen gegründet, gründen im Studium oder planen es für später. Hier überlegen wir einen virtuellen Fokus, der wesentlich aus einem Dozentenpool von aktiven Unternehmerstudenten und Alumni besteht (neben hervorragenden Praktikern, z.B. *business angels*). Dem wollen wir eine Struktur geben. Die unternehmerische und unternehmensfördernde Kompetenz, die die Fakultät *sponte sua* entwickelt hat, soll forciert werden. Das soll u.a. mit neuerer Forschung (z.B. Effectuation) kombiniert werden. Ziel: **unternehmerische Kompetenz fördern. Das soll vor allem durch eine engere Kooperation mit den Alumni geschehen – vornehmlich mit den Vielen, die eigene Firmen haben. Unternehmerische Kompetenz zu fördern ist eine besondere Form der Autonomieförderung.**

Grundlegendes Ziel dieser strategischen Punkte: erhöhte Autonomie der Studenten; Anregungen zur selbständigen Kooperation (auch der Kollegen) und zu innovativen Formaten: **gelebte Innovations- und Beziehungskultur der Fakultät.**

Das alles sind strategische Ideen, die noch weiter erörtert und letztlich gemeinsam beschlossen werden müssen.

19. Stifter, Förderer und Spender: Danksagung

Stifter, Förderer und Spender tragen eine Privatuniversität. Für die Festschrift ist es selbstverständlich, alle zu ehren, die uns unterstützt haben.

Es ist eine starke Liste über die 25 Jahre, mit bekannten Namen, aber auch vielen aus dem Mittelstand – den *hidden champions* der Nation. Zum Schluß kommen privaten Spender.

Die Fakultät dankt allen für ihren Beitrag zur Existenz und Entwicklung und hofft auf weitere gute Partnerschaft.

Firma	**AkadTitel**	**Name**	**Ort**
A.S. Création Tapeten AG			Gummersbach
ADATO Consulting Group GmbH			Hannover
Adolf Würth GmbH & Co. KG			Künzelsau-Gaisbach
AHE GmbH			Witten
Alfred Talke GmbH & Co. KG		Talke	Hürth
Alfred- und Cläre-Pott-Stiftung c/o Ruhrgas AG			Essen
Alprinta GmbH			Leverkusen
Aluminium Norf GmbH			Neuss
Anton Ruthmann GmbH & Co. KG			Gescher
apetito AG		Düsterberg	Rheine
ARAG – Allgemeine Rechtsschutz Versicherungs AG			Düsseldorf
Aral AG			Bochum
Arcandor AG			Essen
Ardex GmbH			Witten
Auer-Remy GmbH			Hamburg
Baltin Verlags-GmbH			Gevelsberg
Bausparkasse Schwäbisch Hall AG			Schwäbisch Hall

BEGA-Consult GmbH & Co. KG		Hilpert	Lügde
Bertelsmann Wissenschaftsstiftung			Gütersloh
Bitburger Holding GmbH			Bitburg
BJB GmbH & Co. KG			Arnsberg
Blesel Büromaterial GmbH		Blesel	Hagen
BPW Bergische Achsen KG		Kotz	Wiehl
BRABUS GmbH	Prof. h.c.	Buschmann	Bottrop
Brandinsider GmbH	Prof. Dr.	Littmann	Hamburg
Brandt Zwieback – Schokoladen GmbH & Co. KG		Brandt	Hagen
Brau und Brunnen AG			Dortmund
Brose Fahrzeugteile GmbH & Co. KG		Stoschek	Coburg
Buchanan GmbH		Wilkinson	München
Bureau Hatlapa		Hatlapa	Torre
BWE Dienstleistungsgesellschaft mbH		Lehmann	Hamburg
Campus2Day AG			Darmstadt
Cargill Deutschland GmbH			Krefeld
CEO WILO AG			Dortmund
Cinque Moda Vertriebs GmbH			Mönchengladbach
DaimlerChrysler-Fonds im Stifterverband f. d. dt. Wissenschaft			Essen
Delphi Deutschland GmbH			Wuppertal
Demag Cranes & Components GmbH			Düsseldorf
Deutsche Bank AG		Boehm-Bezing	Frankfurt
Deutsche Beteiligungs AG			Frankfurt
Deutsche BP AG			Bochum
Deutsche Bundesstiftung Umwelt			Osnabrück
Deutsche Gesellschaft für Mittelstandsberatung mbH			Krefeld
Deutsche Post-Stiftung			Bonn
Dr. August Oetker KG	Dr. h.c.	Oetker	Bielefeld
Dr. h.c. Werner Jackstädt-Stiftung			Wuppertal

Dresdner Vermögens-beratungsgesellschaft mbH			Frankfurt
E. Merck KG		Baumhauer	Darmstadt
Edscha Gruppe			Remscheid
EFFEM GmbH			Verden
EMS Internationale Spedition und Transport GmbH			Dormagen
EQUA Stiftung	Dr.	Wacker	München
Ernst & Young GmbH WPG			Stuttgart
Erpo Möbelwerk GmbH			Ertingen
EURO RSCG WORLDWIDE			Düsseldorf
Evonik Industries AG			Essen
Ewald Dörken AG		Dörken	Herdecke
F.W. Moll-Stiftung		Moll	Dortmund
Falke KG aA			Schmallenberg
FEIDAL GmbH Lacke + Farben			Duisburg
FHG – Fach-Handels-Gesellschaft mbH & Co. KG			Solingen
Fortis Bank			Köln
Franz Haniel & Cie. GmbH	Prof. Dr.	Trützschler	Duisburg
Freudenberg & Co. KG			Weinheim
Fuchs Gewürze GmbH & Co.			Dissen
G. Elsinghorst Holding GmbH & Co. KG			Bocholt
Gauselmann AG			Espelkamp
GKN Automotive International GmbH			Rösrath
Gottwald Port Technology GmbH			Düsseldorf
Grünenthal GmbH		Wirtz	Aachen
GWI Medica GmbH			Bonn
H. Druckhaus Koopmann GmbH & Co. KG			Leverkusen
Helmut und Gisela Bertram-Stiftung			Neunkirchen-Seelscheid
HERMES Arzneimittel GmbH		Burges	Großhesselohe

Hochtief AG			Essen
Höfer AG	Dr.	Höfer	Meggen
Höveler Collection Möbel- Verkaufs GmbH			Beckum
HP Pelzer Holding GmbH			Witten
HuF Hülsbeck & Fürst GmbH & Co. KG			Velbert
Hugo Boss AG Herrenbekleidungsfabrik			Metzingen
igus GmbH		Blase	Köln
ILLBRUCK ELEMENTS GmbH			Unterföhring
J. D. Neuhaus GmbH & Co. KG			Witten
J.F. Ziegler KG Druckerei und Verlag			Remscheid
Jackstädt GmbH			Wuppertal
Johannes Reifenhäuser Holding GmbH & Co.KG		Reifenhäuser	Troisdorf
Johnson & Johnson GmbH			Neuss
Kamps-Gruppe Automobil-Dienstleistungs-Gesellschaft mbH			Bergkamen
Kemnader Kreis e.V.			Bochum
Kemper GmbH			Krefeld
KIK Textilien und Non-Food Holding GmbH Zentralverwaltung			Bönen
Kirchhoff Automotive GmbH & Co. KG			Iserlohn
Kissel Rapid Eisenb. Rapid			Solingen
KOGAG Bremshey & Domning GmbH			Solingen
Leopold Kostal GmbH & Co. KG Fahrzeug-Elektrik		Kostal	Lüdenscheid
L'OREAL Deutschland GmbH			Düsseldorf
Malzer's Backstube GmbH & Co. KG		Scherpel	Gelsenkirchen
Mannesmann AG			Düsseldorf
Marbert Holding AG			Düsseldorf

Marketing-Club Bergisch Land e.V.			Wuppertal
Märkischer Arbeitgeberverband Hagen e.V.			Iserlohn
Maschinen Kaul GmbH		Butt	Düsseldorf
Melitta Bentz GmbH & Co. KG			Minden
Merck, Finck & Co. Privatbankiers			Düsseldorf
MHM Holding GmbH		Ringer	Kirchheim
MLP Dortmund I			Dortmund
MLP Finanzdienstleistungen AG Geschäftsstelle Bochum Nr. 8			Bochum
MobilCom AG			Rendsburg
Motomaxx GmbH Motorad total			Hagen
Musterring – International Josef Höner GmbH & Co. KG			Rheda-Wiedenbrück
Nagai Chamber of Commerce and Industrie		Takeda	Nagai-shi, T 993 Yamagata
nobilia-Werke J. Stickling GmbH & Co. KG	Dr. Dr.	Scheiper-meier	Verl
Nolte-Holding GmbH		Nolte	Germersheim
Ossendot Umweltschutz GmbH	Dr.	Ossendot	Kamp-Lintfort
Pfeifer & Langen			Köln
Pictet & Cie.		Pictet	Genf 73
POCO Bergkamen GmbH & Co.KG			Bergkamen
POCO-Domäne Holding GmbH			Bergkamen
Prägedruck Hammesfahr Kurt Hammesfahr GmbH & Co.			Haan
Progoup AG		Heindl	Landau
Projektentwicklung Immobilienberatung			Seelze
Provinzial Rheinland Holding			Düsseldorf
Raps GmbH & Co. KG		Kühne	Kulmbach
Remscheider Wellpappenfabrik Otto Hampel GmbH & Co KG			Remscheid
Rethmann AG & Co. KG		Rethmann	Selm

Rhombus Rollen GmbH & Co Albert Schulte & Söhne		Wermelskirchen
RWE AG		Essen
RZ-Zimmermann GmbH & Co. Holding KG	Zimmer-mann	Bochum
Sal. Oppenheim jr. & Cie. KG aA	Oppenheim	Köln
Schmetz Capital Management GmbH	Mesdaghi	Aachen
Schmidt + Clemens GmbH + Co. KG Edelstahlwerk		Lindlar
SCHRECK-MIEVES GMBH		Frechen
SchürmannSpannel AG		Bochum
SIBA-Sicherungen-Bau GmbH		Lünen
Software AG Stiftung		Darmstadt
Sparkasse Bochum		Bochum
Sparkasse Witten		Witten
Stadtwerke Witten GmbH		Witten
STD Schweißtechnik Düsseldorf GmbH & Co. KG	Paris	Wetter
Steinhoff Europe Group Services GmbH	Steinhoff	Westerstede
Steinhoff International Holding Services GmbH		Westerstede
Stiftung Familienunternehmen	Heidbreder	München
STIFTUNG VAN MEETEREN c/o Stifterverband für die deutsche Wissenschaft		Essen
Stiftung Westfalen		Essen
Stiftungsfonds Deutsche Bank SV Stiftungsverwaltung GmbH		Essen
SuperBioMarkt AG		Münster
Teutoburger Ölmühle GmbH & Co. KG		Ibbenbüren
The Boston Consulting Group GmbH		Düsseldorf
Verlag Neue Wirtschafts-Briefe GmbH		Herne

Verlagsgesellschaft Rudolf Müller GmbH & Co. KG		Köln
Verlagsgruppe Handelsblatt		Düsseldorf
Victoria Versicherungen AG		Düsseldorf
Vorwerk & Co. KG		Wuppertal
vph Vereinigte Papiergroßhandlung GmbH & Co KG		Hemmingen
WECKBACHER Sicherheitssysteme GmbH		Dortmund
Wellkistenfabrik Fritz Peters GmbH & Co. KG	Peters	Moers
Wellkistenfabrik Fritz Peters GmbH & Co. KG	Peters	Moers
Wepa Papierfabrik P. Krengel GmbH & Co. KG	Krengel	Arnsberg
Wessing, von der Goltz & Partner Anwaltskanzlei	Goltz	Düsseldorf
Westfalen AG	Fritsch-Albert	Münster
Westfälischer Arbeitgeberverband für die chemische Industrie e.V.		Bochum
Westhoff Beteiligungs GmbH & Co. KG	Westhoff	Köln
Wiesner Hager Möbel GmbH		Würzburg
Wilhelm Grillo Handelsgesellschaft mbH	Grillo	Duisburg
Wilkhahn Wilkening & Hahne GmbH & Co.		Bad Münder
Wittener Institut für Familienunternehmen Stiftung		Witten
Wittener Universitätsgesellschaft e.V.		Witten
Wolfcraft GmbH	Wolff	Kempenich
Wolfgang Suwelack-Stiftung	Suwelack	Billerbeck
Wollert-Elmendorff Deutsche Industrie-Treuhand GmbH		Düsseldorf
Wrede Industrieholding GmbH & Co. KG	Wrede	Arnsberg

	Pohlmann	Bergkamen
	Blumen-becker	Hamm
	Bremicker	Remscheid
Dr.	Bästlein	Mettmann
	Drescher	Tauberbischofsheim
	Eichler	Willich
	Eickhoff	Bochum
	Funk	Marienheide-Kalsbach
Dr.	Iber-Schade	Plettenberg
	Klems	Dortmund
Drs.	Kock	Bodensdorf
	Schaier	Castrop-Rauxel
	Schily	Düsseldorf
Dipl.-Ing.	Schmidt-Krayer	Berlin
Dr.	Tautorus	Leopoldshöhe
	Wettern	Berlin
	Wiegmann	Dortmund